KB188553

크리스천이여
습관부터 바꿔라

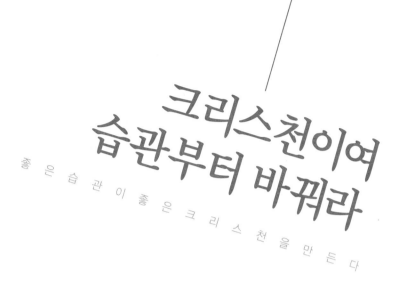

크리스천이여 습관부터 바꿔라

좋은 습관이 좋은 크리스천을 만든다

이대희 지음

태인문화사

좋은 습관으로
나를
새롭게 하자!

　우리가 매일 행동하는 것을 보면 그냥 아무렇게 하는 것 같아도 사실 그것들의 대부분은 습관에서 이루어진 것들이다. 지금의 모습은 어릴 때부터 오랜 습관으로 무의식 속에 길들여진 것들로서 현재 나의 모습 또한 습관으로 만들어졌다고 해도 과언이 아니다.

　습관으로 된 것은 어려운 일도 아주 쉽게 행동한다. 하지만 습관이 안 된 것은 쉬운 것도 매우 힘들게 행동한다. 이것을 보면 습관이 인간의 삶에 얼마나 중요한 가를 알 수 있다. 우리가 매일 행동하는 것이 습관이라면 우리의 삶을 효과적으로 변화시키는 방법 또한 좋은 습관을 길들이는 것 이외에 다른 길이 없다.

　어차피 인간은 습관으로 길들여진 대로 산다. 아무렇게 마음대로 사는 사람일지라도 그것 역시 오랫동안 습관에서 나온 모습이다. 일상의 반복적으로 행하는 일은 모두 습관으로 된 것이다. 오랜 습관이 되면 그것이 곧 인간의 성품이 된다.

이렇게 보면 습관은 제2의 천성이라는 말이 옳다. 작심삼일이라는 말이 있다. 생각하는 것을 삼일을 넘기지 못하고 그만두는 것을 말한다. 의식한다고 그것이 곧 나의 것이 되는 것은 아니다. 그것이 나의 것이 되기 위해서는 오랜 습관이 이루어져야 한다.

문제는 그 사람이 어떤 습관을 가지고 있는가 하는 것이다. 그것에 따라 성공 유무가 결정된다. 성공한 사람들, 행복하게 사는 사람들을 조사해 보면 좋은 습관을 가지고 있다. 꼭 뛰어난 능력이 있다고 해서 성공하는 것은 아니다. 성공한 사람들은 좋은 습관을 계속 연습하고 훈련하여 자기의 것으로 만든 사람들이다. 그렇다면 끝까지 인내하면서 효과적이고 체계적인 훈련을 통하여 좋은 것을 자기 것으로 습관화하는 것이 인생을 결정한다고 볼 수 있겠다.

크리스천으로서 세상에 산다는 것은 무엇을 의미하는가? 이미 구원받은 크리스천이 타락된 세상에서 계속 사는 이유는 무엇인가? 그것은 하나님을 사랑하고 이웃을 사랑하기 위함이다. 좋은 크리스천으로서 세상에서의 삶에 본이 되어 하나님께 영광 올리기 위함이다. 문제는 좋은 크리스천으로 살아가는 것이 그렇게 만만치 않다는 것이다.

세상에는 악한 것들이 많다. 그들과 타협하지 않고 사는 것이 모든 크리스천의 기도 제목이다. 그렇다면 이것을 위해서 어떻게 해야 할까?

그 방법은 생각과 구호로는 한계가 있다. 좋은 습관을 나의 것으로 만들어야 한다. 그러나 그것은 거저 되는 것이 아니다. 좋은 습관은 연습을 통해서 이루어지므로 예수님을 닮은 좋은 습관을 정하여 그것을 나의 삶에 성육신하는 일이 과제다.

습관으로 되기 전까지는 아직 나의 것이 아니다. 적어도 어떤 것이 나의 습관으로 자리 잡기 위해서는 내용과 사람에 따라 수 년 혹은 수십 년이 걸린다. 이미 세상적인 습관으로 길들여진 사람이 성령의 생활로 새롭게 습관화되기 위해서는 많은 시간과 인내의 수고가 뒤따른다.

『크리스천이여 습관부터 바꿔라』는 필요한 영역을 정하여 그것을 좋은 습관으로 정착하는 내용으로 구성되었다. 한쪽으로 치우치기보다는 균형 있게 인간에게 필요한 내용을 제시했다. 누구든지 여기에 제시된 내용을 가지고 꾸준하게 거룩한 습관 훈련을 할 수 있다.

이 책은 특히 인성에 필요한 6가지 영역(마음, 생각, 몸, 관계, 인격, 행복)을 정하여 그것을 배우고 습관을 연습하도록 세부영역 메뉴얼을 제시했다. 여기에 제시된 좋은 습관들은 크리스천이라면 누구든지 배우고 습관화해야 하는 것들이다. 그것은 육신적인 습관이 아닌 성령의 습관이다. 인내를 가지고 지속적인 연습을 통해 우리 몸에 익숙하도록 하자. 이 책을 읽는 독자들은 좋은 습관을 위해서는 무엇을 연습하며 실천해야 하는지 그리고 그것을 위한 구체적인 방법들을 배우게 될 것이다.

또한 이 책은 신앙을 배우는 초신자들에게 꼭 필요한 책이다. 아울러 기존 성도들 가운데서도 타성에 젖어 새로운 영적 습관이 잘 안 되는 사람들에게 큰 도움이 된다. 자녀들의 인성교육과 성도들의 신앙훈련과 지도자들의 리더십 교육에도 유익하게 사용될 수 있다. 여기에 제시된 좋은 습관 연습을 하나씩 적용하여 거룩한 성품을 닮아가는 좋은 크리스천으로 태어나길 기도한다. 세상의 문화에 젖어 있는 현대 크리스천의 삶을 변화시킬 수 있는 좋은 지침서가 되었으면 한다.

새벽 미명에 습관에 따라 기도하시며 아버지와 교제를 가졌던 주님처럼 좋은 습관을 통하여 세상을 변화시키는 위대한 인물들이 교회와 가정을 통해서 많이 일어나기를 기도한다. 이 책이 좋은 습관을 이루는데 동기 부여가 되면 좋겠다. 주님께 영광을 돌리면서…….

이 대 희

1

좋은 습관이 좋은 사람을 만든다

2

마음을 위한 좋은 습관

3

생각을 위한 좋은 습관

4

감각과 몸을 위한 좋은 습관

관계를 위한 좋은 습관

인격을 위한 좋은 습관

7

행복을 위한 좋은 습관

01

CHAPTER 1 좋은 습관이
좋은 사람을 만든다

너희는 성령을 따라 행하라

그리하면 육체의 욕심을 이루지 아니하리라 (갈 5:16)_____

삶은 습관의 산물이다

 세계적 거부로 유명한 빌 게이츠와 워런 버핏이 1998년에 워싱턴 대학에서 초청강연을 했다. 강연 후 "어떻게 부유해질 수 있었냐?"라고 묻는 학생들의 질문에 이렇게 대답했다.

"아주 간단합니다. 높은 IQ가 아닌 좋은 습관, 그리고 긍정적인 성격과 태도만 있으면 됩니다."

워런 버핏의 이 대답에 빌 게이츠도 공감했다고 한다. 이들 뿐일까. 우리가 아는 성공한 사람들, 존경받고 능력을 인정받는 사람들은 대부분 습관이 얼마나 중요한지를 잘 알고 있었고, 습관의 중요성을 강조하고 있다.

사실 우리가 행하고 있는 대부분의 행동은 어릴 때부터 습관을 통해서 길들여진 것이다. 습관이 되지 않고는 자연스럽게 안 된다. 무엇이든지 자연스럽게 생활 속에서 이루어지기 위해서는 습관으로 자리 잡는 것이 중요하다.

부모는 아이에게 삶에서 중요한 것을 습관이 되도록 가르친다. 칫솔질하고 아침이 되면 밥을 먹고 밤이 되면 잠을 자는 일상생활은 어릴 때부터 길들여진 것들이다. 어른이 되면 누가 시키지 않아도 자연스럽게 행동으로 옮긴다. 그 사람의 사는 모습을 보면 그 사람의 습관을 알 수 있다.

예수님도 습관에 따라 기도하시고 조용한 시간을 가지셨다. 예수님이 많은 무리들을 피하여 한적한 곳에 가신 것은 습관에 따라 하신 것이다. 우리들도 이같이 좋은 습관을 하나씩 생활에 익숙하게 해야 한다. 이것은 매우 중요하다. 자연스럽게 행하기까지 반복하여 나의 삶속에 습관화해야 할 것이다.

1978년 어느 날 노벨 수상자 75명이 파리에 모인 자리에서 한 기자가 백발이 성성한 노벨 수상자에게 노벨상을 받기까지 가장 많은 영향을 받은 것, 가장 힘이 되었던 것, 가장 고마운 사람은 누구인가? 등을 묻자 그 수상자는 이렇게 대답했다.

"노벨 수상의 영광을 얻게 한 것은 어린 시절에 배운 것들에서 비롯한 것입니다."

이 말은 삶을 살아가는 데 있어서 습관이 얼마나 중요한 것인가를 잘 말해 주는 일화다.

습관과 관련하여 가장 많은 사람들의 입에 오르내리는 사람은 밴자민 프랭클린이다. 그는 과학, 문학, 외교, 발명, 예술, 철학 등 다양한 부분에 걸쳐 탁월한 재능을 소유한 사람으로서 불어, 스페인어, 이탈리아어, 라틴어까지 독학으로 공부한 전설적인 인물이다. 그는 79세 되던 해 자서전을 통하여 자신을 만든 것은 '좋은 습관'에 있다고 강조했다.

이런 모든 이유에서 인간의 모든 행동은 습관을 통해서 나온다는 것을 알 수 있고, 적어도 행동으로 나오기까지는 오랜 습관을 통해서만이 가능하다는 것을 엿볼 수 있다.

나의 지금 행동은 나도 모르는 사이에 지금도 하나씩 습관화되고 있다. 반복해서 하고 있는 나의 삶을 다시 한 번 돌아보면 잘 알 수 있다. 그냥 넘기지 말라. 그 습관 속에 나의 삶과 미래가 있다는 것을……

길들여진 나쁜 습관은
고치기 힘들다

 우리의 삶은 좋은 습관도 있지만 잘못된 습관도 있다. 사실 잘못된 습관이 더 많이 있다. 다른 사람에게 지적받고 있거나, 계속하여 실패하고 있는 것들은 모두 나쁜 습관에서 파생된 것들이다. 한번 길들여진 나쁜 습관을 바꾸는 것은 매우 어렵다. 경험적으로 보아도 세상에서 제일 어려운 일은 습관을 바꾸는 일이다.

사람은 본성적으로 악하기에 좋은 습관보다 나쁜 습관을 더 선호한다. 가능한 나쁜 습관을 길들이지 않도록 해야 하지만 주변의 환경이 그렇게 만들지 않는다. 이런 처음부터 좋지 않는 습관은 멀리 해야 하며 그것에 길들이지 않도록 조심해야 한다.

흔히 주위에 보면 어릴 때, 혹은 군대 시절에 배운 흡연으로 인해 평생을 힘들게 사는 경우를 본다. 담배가 몸에 해롭다는 것을 분명히 알면서도 그것을 끊지 못한다. 왜 그럴까? 담배에 중독이 되어서 자꾸 그것을 찾게 되기 때문이다. 중독이 되면 자신의 의지와 상관없이 행해지고, 마음속으로는 하지 말아야 하면서도 행동으로 옮겨지지 않는다. 아마 경험해 본 사람은 다 알 것이다.

이것을 보면 습관이 얼마나 무서운지 알 수 있다. 습관이 된 것은 이미 습관에 몸이 배여 있다는 것을 의미한다. 적어도 습관이 되려면 중독 상태까지 가야 하는데 나쁜 습관이 중독되면 무섭다. 나쁜 습관은 인생을 파멸하게 하는 요인이 되는 것으로써, 알콜 중독, 성 중독, 도박 중독. 경마 중독, 주식 중독 등 우리를 위협하는 그 모습들은 다양하다. 그래서 한번 길들여진 나쁜 습관을 고치기 위해서 중독자들은 끝없는 노력을 하지만 그 굴레를 벗어난다는 것이 여간 쉽지 않다. 새로운 좋은 습관이 길들여지지 않으면 그것을 이기기란 어렵다.

한 가지 기억할 것이 있다. 그것은 인간의 타락한 습성은 죽을 때까지 사라지지 않는다는 사실이다. 악한 습성은 언제든지 우리를 감쌀 수 있다. 그래서 "근신하여 깨어 기도하는 일"이 중요하다. 욕망과 습관이 함께하면 무서운 흉기로 변한다. 나뿐만 아니라 사회를 파멸시키는 모습으로 나갈 수 있다.

인간은 모두가 죄인이다. 누구든지 인간 안에는 자기만 생각하는 습관이 있다. 죄는 자기만 아는 것을 말한다. 여기에는 하나님이 없다. 때문에 모든 것을 자기 생각으로 행하는 습관은 하나님을 믿지 못하게 할 뿐 아니라, 하나님을 거역하게 하고 멸망에 이르게 한다.

악한 습관을 가지고 태어난 인간을 고치는 것은 한계가 있다. 다시 태어나지 않고는 힘들다. 육신이 살아 있는 한 육신의 악한 모습을 던져 버릴 수 없다. 이것이 인간의 딜레마다.

그래서 하나님은 이런 인간을 구원하기 위해 예수님을 세상에 보내주셨다. 인간의 힘으로 할 수 없는 것을 아시고 주님이 오셔서 우리의 악한 모습을 십자가에 죽게 하셨다. 예수님의 도움이 아니면 우리 안에 있는 악한 습성에서 근본적으로 해방되기 어렵다. 이런 예수님을 우리에게 주신 것이 얼마나 다행스럽고 감사한지 모른다.

좋은 습관을 길들여라

어떻게 하면 나쁜 습관에서 벗어날 수 있을까? 이에 대한 답이 여기에 있다. 완전히 벗어날 수는 없지만 점차 나쁜 습관이 나에게 영향을 미치지 않게 할 수는 있다. 그것은 좋은 습관을 길들이는 일이다. 나쁜 습관보다는 좋은 습관을 많게 하면 된다. 그러면 그것이 점차 우리 안에 좋은 습관으로 무장이 되어 좋은 습관의 열매를 맺게 된다.

"모든 것은 심은 대로 거둔다. 심지 않는 것이 나오는 법은 없다." 이것은 만고불변의 진리다. 가끔 사람들은 자기 합리화를 한다. "내가 생각하지 않았는데, 내가 왜 이런 행동을 하게 되었는지 모르겠다"고 변명을 한다.

그러나 그렇지 않다. 나에게서 나오는 행동은 이미 내 안에 있는 것들이 나오는 것이다. 어떤 경로를 통해서 오는지는 모르나 그것들은 나도 모르게 자연스럽게 익숙해진 것들이다. 이것을 안다면 좀더 자신에 대해서 정직해질 필요가 있다. 우선 나쁜 습관을 갖게 하는 요인들을 제거하고 가능한 그것에서 멀어지는 일이다. 그것이 나쁜 습관을 고치고 좋은 습관을 길들일 수 있는 길이다.

"스스로 속이지 말라 하나님은 업신여김을 받지 아니하시나니 사람이 무엇으로 심든지 그대로 거두리라 자기의 육체를 위하여 심는 자는 육체로부터 썩어질 것을 거두고 성령을 위하여 심는 자는 성령으로부터 영생을 거두리라" (갈 6:7-8)

삶은 습관의 산물이다. 좋은 열매의 삶을 맺는 길은 좋은 습관을 정하여 그것을 하나씩 나의 생활에 익숙하게 하면 된다. 성령을 위하여 심듯이 우리의 삶에 거룩한 것을 몸에 배도록 훈련하면 좋은 열매를 맺게 될 것이다. 나름대로 방법을 찾아서 가능한 좋은 습관을 하나씩 길들이도록 하자.

미국의 3대 대통령이었던 토머스 제퍼슨은 좋은 습관을 가지고 있었다. 그는 화가 날 때에 언제나 1부터 10까지의 숫자를 속으로 세고, 그래도 화가 풀리지 않으면 1부터 100까지를 셈으로써 자신의 분노를 다스렸다고 한다. 우리도 이런 습관을 길들일 수 있다. 금방 화를 내기보다는 참는 훈련이 필요하다. 이것도 습관이다. 적어도 1부터 100까지의 수를 마음속에 세면서 참는 것도 하나의 습관이다.

성경을 읽어 보면 우리가 가져야 할 좋은 습관들이 많이 나와 있다. 예를 들면 항상 기뻐하고, 쉬지 말고 기도하고, 범사에 좋은 것을 헤아려 좋은 것을 취하고, 악은 모양이라도 버리는 일이다. 또 서로 섬기고 복종하며, 나보다 남을 낮게 여기고, 형제간에 우애하며, 서로 사랑하는 일이다. 지금부터라도 이것들을 하나씩 습관이 되도록 하자.

좋은 습관은
기본 속에 들어 있다

 좋은 습관은 어떤 것들인가? 그것은 우리의 기본의 삶에 다 들어 있다. 기본적인 것만 잘 습관화해도 좋은 습관을 실천할 수 있다. 그렇다면 그 많은 것들 중에 무엇을 먼저 해야 할까? 어떤 습관을 먼저 길들여야 하는가? 하는 의문이 생길 수 있을 것이다. 이때마다 생각할 수 있는 것은 기본에 충실하는 것이다. 기본은 우리 생활에 중요하다.

우리는 기본을 우습게 보는 경향이 있다. 그러나 그렇지 않다. 좋은 것은 기본에 다 들어 있다. 기본적인 생활을 점검해 보면 우리는 거기서 많은 것을 배울 수 있다. 교양이라고 하는 것은 기본을 말하는 것으로써, 흔히 "그 사람 정말 교양 없네"라는 말을 자주 하는데 그것은 거창한 것을 말하는 것이 아닌 기본적인 삶을 말하는 것이다. 기본이 갖추어지지 않는 사람은 아무것도 할 수 없다. 그래서 습관도 기본적인 것을 찾아 자신의 삶에 익숙하게 하는 것이 중요하다.

로버트 풀검은 『내가 정말 알아야 할 모든 것은 유치원에서 배웠다』라는 책에서 인간이 평생 동안 살면서 해야 할 기본적인 내용은 유치원에서 배워야 한다고 말하고 있다. 그 내용을 살펴보면 다음과 같다.

"모든 것을 나누어 써라. 정정당당하게 행동하고 놀아라. 다른 사람을 때리지 마라. 물건을 사용한 다음에는 네가 처음 가져온 곳에 도로 갖다 놓아라. 네가 어지럽힌 곳은 네가 치워라. 네 것이 아닌 것은 만지지 마라. 남에게 상처를 줬거든 미안하다고 말해라. 먹기 전에는 꼭 손을 씻어라. 화장실을 사용한 다음에는 꼭 변기의 물을 내려라. 따뜻한 과자와 찬 우유는 네 몸에 좋다. 매일매일 뭔가를 배우고, 그림을 그리고, 노래를 부르고, 춤을 추고, 놀고, 일하는 것을 빠뜨리지 마라. 매일 오후엔 조금씩 눈을 붙여라. 집밖에 나가거든 차 조심을 하고, 서로 손을 잡고 함께 다녀라. 새로운 것을 눈여겨보아라."

이런 것들은 우리가 생활 속에서 늘 행하는 일이다. 그런데 실제로 보면 많은 것들이 제대로 지켜지지 않고 있다. 음식을 먹을 때나 자주 손을 씻는 것은 모든 사람이 가져야 할 습관이다. 병균은 모두 손을 통해서 전염되므로 손이 깨끗하지 않으면 바이러스에 감염될 위험이 높다. 손을 씻는 일은 모든 병을 예방하는데 기본이다.

그러나 우리나라 사람들은 이런 일이 습관화되어 있지 않다. 얼마 전에 신종플루로 인하여 전 국민이 손 씻는 일이 얼마나 중요한지를 깨닫고 손 씻는 캠페인을 벌인 적이 있었다. 우리가 기본적인 것만 습관화되어도 성공할 수 있음을 보여 주는 좋은 예다.

신앙적인 습관을 살펴보아도 이것은 동일하다. 신앙의 좋은 습관은 생각처럼 그리 많지 않다. 기본적인 신앙생활 안에 우리가 해야 할 일이 모두 들어 있다. 매일 말씀을 읽고 기도하며, 매 주일 신앙공동체 안에서 정기적으로 예배하고 만나는 사람에게 복음을 전하며 봉사하는 삶을 사는 것은 크리스천의 기본적인 삶이다. 이것만 습관화되어도 우리는 좋은 크리스천의 삶을 살 수 있다.

그러나 실제로 이런 기본적인 신앙생활을 매일 삶속에서 실천하는 사람들이 많지 않다. 이 중에 몇 가지만 실천해도 좋은 신앙인이 될 수 있다는 것을 우리는 모르고 있다. 모든 것은 기본 속에 다 들어 있다. 기본만 잘 습관화하면 다른 것은 쉽게 해결이 된다. 지금이라도 멀리서 찾지 말고 가까운 곳에서 좋은 습관들을 찾아 훈련하도록 하자.

성령을 따라 사는
습관을 가져라

 크리스천의 좋은 습관은 성령이 인도하시는 삶을 말한다. 크리스천은 성령을 따라 사는 사람이다. 이것은 하나님과 이웃을 위한 삶이다. 이전에는 모든 것이 오직 나를 위한 삶이었다. 그리스도를 믿기 전에는 이것들로 가득 차 있었다. 자기 욕심을 이루는 세속적인 생활습관들이 나를 지배하고 있었다.

그러나 주님을 영접한 후에는 새로운 성품이 들어오면서 새로운 삶의 스타일이 나에게 익숙해져야 한다. 그런데 이것이 쉽지 않다. 이전에 가지고 있던 육신적인 성품 때문이다. 좋지 못한 육신적인 습관은 우리 힘으로 제거할 수 없다. 예수를 믿지만 우리는 여전히 옛 습성에 노예가 된다. 이것을 벗어 버리고자 얼마나 많은 크리스천이 노력하는지 모른다. 그러나 그것이 그렇게 만만한 일은 아니다.

나는 독자로부터 종종 메일을 받는다. 세상의 나쁜 습관들을 벗어버리지 못함으로써 괴로워하는 크리스천이 생각보다 많은 것을 느낀다. 한번은 성적인 문제로 고민하는 십대의 메일을 받은 적이 있다. 성적인 욕망을 좀처럼 벗어던지지 못하는데 이것을 해결하는 방법에 대한 도움을 구했다. 나쁜 것인 줄 알면서도 자기도 모르게 끌려가는 육신의 욕망을 해결하는 문제는 그렇게 간단하지 않다. 아마 이런 비슷한 사례로 고민하는 크리스천들이 많이 있을 것이다. 이런 사람들에게 내가 도움의 성경구절로 제시하는 내용이 있다.

"너희는 성령을 따라 행하라 그리하면 육체의 욕심을 이루지 아니하리라" (갈 5:16)

인간의 힘으로는 그런 욕심을 제어할 수가 없다. 잠시는 가능해도 언젠가 또 한순간에 나를 감싸게 된다. 그러면 이것을 해결하기 위해서 어떻게 할까? 적극적으로 성령의 삶을 살아야 한다. 즉 좋은 습관을 계속 길들여야 한다. 그렇게 되면 이전의 나쁜 습관들이 점차 없어지게 되고 그것에 대한 욕망도 사라지게 된다.

자기 힘으로 나쁜 습관을 고치려고 하면 할수록 더 힘들 수 있다. 왜냐하면 우리들이 가지고 있는 기본적인 힘은 육신적이기 때문이다. 새로운 일이 나에게 습관화되지 않으면 한번 길들여진 나쁜 습관을 제거하는 것은 어렵다.

하나님이 좋아하시는 일을 찾아서 그것에 많은 시간을 보내도록 해야 한다. 그것이 나의 생활 습관으로 자리 잡기까지 지속적으로 훈련해야 한다. 기도하고 찬송하고 예배하며 교회 안에서 교제하는 일이 나의 생활의 중심으로 자리 잡도록 하면 세상의 일들이 어느새 싫어지고 그것을 거부하는 힘이 내 안에 생긴다.

이것은 내 힘이 아닌 성령이 주시는 힘이다. 이런 면에서 교회생활을 열심히 하는 것은 중요하다. 혼자서는 안 된다. 신앙인들이 모인 모임에 참여하여 그들과 같이 생활해야 한다. 그러면 성령의 일이 나의 생활이 된다.

좋은 습관을 계속 확장해 나가면 언젠가는 나도 성령을 따라 사는 삶을 살게 된다. 신기하게도 내가 변화되는 것을 느끼게 된다. 물론 언제 이루어질지는 아무도 모른다. 해답은 내가 그것이 습관화 될 때까지 인내를 가지고 할 수 있느냐에 달려 있다. 습관이 자연스럽게 나의 삶의 일부가 되고 그것에 대해 거부감이 없을 정도가 되어야 한다.

하지만 이렇게 하기 위해서는 오랜 훈련과 반복이 필요하다. 성령이 내 속에 자리 잡는 것은 하루아침에 되지 않는다. 내 안에는 성령을 거슬리는 악한 것들이 자리 잡고 있기 때문에 그것들과 내적인 싸움이 계속된다. 어느 날 성령이 주도하는 그 시점이 바로 내가 좋은 습관에 들어가는 순간이다.

물론 사람마다 다르다. 성령께 순종하면 성령이 나의 악한 습성을 몰아낸다. 말씀을 배우고 듣고 실천하는 가운데 우리는 점차 성령의 지배를 받게 된다. 그렇게 되면 성령이 나의 마음을 주장함으로 육신적인 생활을 거부하게 하는 힘이 내 안에 생긴다. 그러나 이것은 사람들이 흔히 말하는 자기의 힘으로 쌓는 내공과는 다르다. 성령이 나를 주장하면서 성령의 인도하심을 받는 그런 힘을 의미한다.

새 사람을 입는 일은 하루아침에 안 된다. 계속적인 훈련과 노력이 필요하다. 힘들어도 매 주일 예배를 드리면서 세상의 친구와 거리를 두고 하나님과의 관계를 돈독히 해야 한다. 세상의 술친구들과 거리를 두고 믿음의 사람들과 교제를 계속 가지다 보면 어느새 우리의 마음이 새롭게 되고 어둠이 사라지고 빛이 들어오게 된다.

"너희는 유혹의 욕심을 따라 썩어져 가는 구습을 따르는 옛 사람을 벗어 버리고 오직 너희의 심령이 새롭게 되어 하나님을 따라 의와 진리의 거룩함으로 지으심을 받은 새 사람을 입으라" (엡 4:22-24)

습관은 반복을 통해서 이루어진다

 습관은 하나님이 주신 선물이다. 무엇이든지 반복적으로 행하면 그것이 나의 습관으로 자리 잡게 된다. 여기서 중요한 것은 좋은 습관을 길들이는 일로 자기 자신이 좋은 습관이라고 생각하면 이것을 계속하여 반복적으로 행하여야 한다. 그렇게 하면 언젠가는 나의 삶으로 자리 잡게 될 것이다.

반복만한 교육이 없다. 유대인 교육에서 중요한 한 부분을 들라면 반복 교육이다. 반복하고 또 반복하면 무엇이든지 이루어진다. 유대인이 가장 중요하게 생각하는 쉐마의 내용 중에 이같은 구절이 있다.

"네 자녀에게 부지런히 가르치며" (신 6:7)

그런데 '가르치라'는 히브리어로 '샤난'이다. 이것은 '반복하여 가르치다'라는 의미를 가지고 있다. 부모는 하나님을 사랑하라는 내용을 자녀에게 반복하여 가르치라는 것이다. 중요한 것일수록 반복하고 반복하여 가르치는 것이 중요하다. 그렇게 되면 나중에는 각인되어 나의 삶이 된다.

좋은 습관을 발견하여 그 순간부터 그것을 반복해서 나의 생활 습관으로 자리 잡게 해야 한다. 반복하는 것은 하루아침에 되지 않는다. 많은 훈련과 인내가 필요하며, 이것을 위해서 버려야 할 것도 많이 있다. 그러나 이런 반복적인 훈련과정을 거치게 되면 자연스럽게 나의 습관으로 자리 잡게 된다. 또 좋은 습관으로 자리 잡기 위해서 반복을 하다 보면 우리 안에 자리 잡고 있던 나쁜 습관이 점차 사라지게 되는 효과도 볼 수 있다.

예를 들어 보자. 몸의 건강을 위해서는 건강에 좋은 습관을 찾아서 계속 반복해야 한다. 가령 아침식사를 거른다면 먹기 싫어도 아침식사를 먹는 일을 계속해야 하며, 채소보다 고기를 좋아한다면 채소 먹는 습관을 반복하여 점차 그것에 맛을 길들여야 한다. 채소 중심으로 음식을 먹다 보면 고기와 비교할 수 없는 독특한 향기를 맛보게 되고 나중에는 고기를 점차 멀리 하게 되면서 자연적으로 나쁜 음식 습관이 사라지게 된다.

찬송도 마찬가지다. 찬송을 반복해서 듣게 되면 유행가는 큰 흥미를 느끼지 않게 된다. 처음에는 그렇지 않지만 찬송의 은혜를 받으면 세상 노래가 자연스럽게 싫어지게 되고, 그것에 시간을 투자하지 않게 된다. 또 운동이 건강에 좋다는 것은 누구나 다 아는 사실이다. 하지만 사람들이 왜 운동을 하지 않는가? 그것은 반복적인 훈련을 하지 않았기에 습관으로 자리 잡지 못했기 때문이다. 습관으로 자리 잡기까지는 나의 것이 아니다. 아무리 좋은 것이라도 그림의 떡이다.

이렇게 좋은 습관을 길들이는 일은 아주 간단한 방법임에도 우리는 이것을 잘 실천하지 못한다. 지금이라도 좋은 습관을 찾아서 나의 습관이 될 때까지 반복하도록 하자. 머지않아 나의 인생이 달라질 것이다.

66일 동안 반복하여 실천하라

 누구나 새해가 되면 한 가지 이상의 결심을 한다. 그러나 며칠 못가서 그만 둔다. 작심삼일이 되고 만다. 많은 사람들이 결심은 하지만 그것이 습관으로 자리 잡는 경우는 거의 없다.

어떻게 해야 이것들을 나의 습관으로 자리 잡게 할 수 있을까? 생각과 의지가 있는데 왜 번번이 실패할까? 이것을 해결할 수 있는 실제적인 방법은 없을까? 이런 문제를 가지고 고민하여 연구 결과를 발표한 사람들이 있다. 이것은 습관과 반복의 관계를 연구 결과로 밝힌 것으로 우리가 습관화하는데 많은 도움을 준다.

영국 런던대 제인 워들 교수가 이끄는 연구팀이 같은 행동을 얼마나 반복해야 생각이나 의지 없이 자동적으로 반사 행동을 하게 되는지 실험한 결과가 있다.

연구팀은 실험 참가자들에게 아침 식사 때 과일 한 조각 먹기, 점심 식사 때 물 한 병 마시기, 저녁 식사 전에 15분 뛰기 등 건강에 도움이 되는 행동 중 하나를 선택하게 한 뒤 매일 반복해 실천하게 했다. 그러면서 연구진은 이들이 매일 목표를 수행할 때 의무감과 의지로 하는 것인지, 아니면 생각없이 반사적으로 하는 행동인지를 조사했다. 연구 결과 평균 66일이 되어서야 생각이나 의지없이 행동해 습관으로 자리 잡게 되는 것을 알아냈다.

이 연구 결과에 의하여 복잡한 행동일수록 습관이 되는데 더 오랜 시간이 걸렸고, 운동하는 습관을 만드는 것이 식습관을 바꾸는 것보다 더 오래 걸린다는 사실을 알 수 있었다. 제인 워들 교수는 "개인차가 있기는 하지만 66일 동안 매일 같은 행동을 반복하면 그 뒤에 똑같은 상황이 주어질 때에는 자동적인 반응으로 행동하게 된다"며 습관이 되는 데까지의 시간을 측정한 연구는 이번이 처음이라고 말했다.

이 말은 나의 것으로 습관화되기까지는 적어도 66일이 걸린다는 이야기다. 66일 동안 반복하여 실천하면 나중에는 생각과 의지와 상관없이 자동으로 행하게 된다는 것이다. 의미 있는 연구 결과라 생각한다.

예를 들어 보자. 매일 저녁 식사를 마친 다음 산책을 해야겠다고 마음을 먹지만 이것이 잘 지켜지지 않는다. 얼마 동안은 하지만 여러 가지 주변의 환경으로 인하여 지속이 안 되어 이내 실패하고 만다. 그리고 얼마 지나서 다시 시작하고 또 그만 두는 일이 반복된다. 우리 몸에 운동이 습관화가 되려면, 즉 저녁 식사를 먹고 나면 저절로 운동화를 신고

바깥으로 나가는 것이 몸에 배려면 평균 66일 동안 매일 꾸준히 해야 한다는 것이다. 새해 첫날 세운 결심이 습관으로 굳어지려면 적어도 3월 7일까지 빼먹지 않고 해야 한다는 얘기다.

무슨 일이든 적어도 2개월이 넘어서야 그것이 나의 삶의 부분이 되면서 점차 나의 생활에 습관화가 된다. 그리고 나서 66일이 지나고 나면 결심은 '자동 모드'로 바뀌어 의지와 상관없이 습관으로 굳어지게 된다는 것이다. 물론 정확한 날짜는 상황과 사람에 따라 다르겠지만 한가지 주목할 만한 점은 적어도 2-3개월 동안 반복할 때 비로소 나의 습관으로 자리 잡는다는 이야기는 설득력이 있다.

지금이라도 좋은 습관을 찾아서 반복적으로 지속하여 66일 이상 해보자. 그러면 점차 나의 삶에 자리 잡게 될 것이다. 마음을 굳게 먹고 실천해 보자. 시간표를 정해 놓고 매일 반복하여 같은 시간에 행동하자. 계속 반복하다 보면 익숙해지는 그때가 있을 것이다. 어차피 좋은 것이라면, 그리고 해야 할 일이라면 더 이상 미루지 말고 지금부터라도 해보는 것이 지혜롭다.

어릴 때 습관이 평생을 결정한다

 "세 살 버릇 여든 간다"는 속담이 있다. 이 말은 어릴 때 버릇이 평생을 결정한다는 것을 뜻한다. 한번 잘못 길들여진 습관은 평생 동안 나를 괴롭게 할 수 있으므로 특히 어릴 때 좋은 습관이 몸에 배도록 해야 한다.

이것은 우리의 경험을 비추어 보아도 충분히 상상이 간다. 성인이 되어서도 어릴 때 가졌던 습관이 그대로 지속되는 것을 보면, 어릴 때 잘못된 습관을 갖게 될 경우 고치기가 무척 어렵다는 것을 우리는 짐작할 수 있다.

아동기는 습관 형성에 좋은 시기이다. 아이들의 마음은 '신비한 땅'에 비유할 수 있다. 아이에게 좋은 씨앗을 뿌리면 예상했던 대로 좋은 열매를 맺는다. 즉 습관을 가지게 할 수 있는 것이다. 이런 아이들의 습관은 아이들의 성격과 운명을 결정짓는다. 이것은 어릴 때 습관이 인생의 성공 열쇠가 된다는 것을 분명하게 말해 주고 있는 것이다.

어릴 적 길러주는 좋은 습관은 아이의 일생을 좌우하는 평생 재산이 된다. 나쁜 것은 배우지 않아도 저절로 배우게 된다. 왜 인간은 좋은 것은 어렵게 배우고 나쁜 것은 쉽게 배울까? 그것은 인간 안에 있는 악한 습성과 죄악 때문이다. 인간은 태어날 때부터 죄인이다. 하나님을 거부하는 특징을 가지고 태어난다.

어린아이들을 보면 누가 가르쳐 주지 않았는데도 자기 욕심을 부리고 떼를 쓰는 모습을 종종 본다. 만약 그대로 둔다면 동물처럼 이기적인 사람이 되고 만다.

자기만 아는 이기적인 아이들을 보면 무섭다. 이상하지 않은가? 남을 때리고, 물건을 던지고, 남의 것을 훔치는 것을 특별히 배우지 않았는데도 아이들은 그런 일을 서슴지 않고 한다. 그렇게 하지 말라고 말려도 막무가내다.

반면에 좋은 모습은 좀처럼 닮지 않는다. 이런 것을 보면 아이들에게는 태어날 때부터 악한 습성이 있다는 말이 맞는 것 같다. 인간의 악한 습성이 자동 모드가 되어 자기도 모르게 악한 것인 줄도 모르고 악한 일을 행한다. 그러나 부모를 통해서 그것이 나쁜 일인 줄 알게 되면 그때서야 아이는 그 행동을 그만두게 된다. 어떤 아이는 매를 맞고야 고치는 경우도 있다.

대부분의 인간들은 하나님을 거부하며 자기 마음대로 살아간다. 하나님을 믿지 않는다. 어떤 사람은 악을 쓰면서 하나님 이야기하는 것을 싫어한다. 상식적으로 이해가 안 된다. 이렇게 하나님에 대한 결벽증을 가진 사람이 우리 주변에는 많다.

하나님은 나쁜 분이 아니시다. 하나님은 인간을 끝까지 사랑하신다. 하나님 같은 분이 없다. 독생자 예수를 보내주시면서까지 인간을 사랑하신 분이 하나님이다. 하나님이 인간에게 해를 주신 적이 없다. 그런데도 왜 사람들은 하나님을 싫어하는 걸까?

만약 인간을 그대로 두면 본래 가지고 있던 악한 습성이 계속적으로 나타나 나중에는 동물과 같은 사람이 된다. 그래서 인간은 어릴 때부터 훈련하고 강하게 훈육해야 한다고 주장하는 사람이 있다. 어른이 되어서 좋은 습관을 길들이려면 무척 어렵다. 가능한 한 어릴 때부터 해야 된다.

어릴 때 가진 좋은 습관은 평생을 지켜주는 든든한 힘이 된다. 나쁜 습관이 아이에게 자리 잡기 전에 좋은 습관을 자리 잡게 한다면 그 아이는 세상 살아가는 것이 아주 쉬울 것이다. 부모가 좋은 습관을 가지고 이것을 아이들이 자연스럽게 배울 수 있도록 해야 할 것이다. 아마 이보다 더 좋은 자녀교육은 없을 것이다.

하지만 안타까운 것은 많은 부모들이 이것을 중요하게 생각지 않고 있다가 기회를 영영 놓치고 만다. 그리고 나서 나중에 후회를 한다. 지금이라도 늦지 않았다. 아이가 한 살이라도 어릴 때 좋은 습관을 길들이도록 노력하자. 좋은 습관은 인생을 바꾼다. 미래의 아이는 지금 어떻게 좋은 습관으로 자리 잡게 하느냐에 달려 있다.

"마땅히 행할 길을 아이에게 가르치라 그리하면 늙어도 그것을 떠나지 아니하리라" (잠 22:6)

가정과 교회 모임을 통해 실천하라

습관은 혼자 길들이기가 무척 어렵다. 혼자 하는 습관 훈련은 실패할 소지가 많다. 좋은 방법은 동반자와 함께 하는 것이다. 습관 훈련은 혼자 하게 되면 얼마 못가서 그만두게 될 확률이 높지만 모임 등을 통해 여러 명이 함께 하게 되면 실천 가능성이 꽤 높다. 가정에서 식구들과 같이 하거나 아니면 교회의 모임을 통하여 성도들과 함께 습관을 길들여 보자. 교회가 앞장서서 온 성도들에게 실천하게 하면 어떨까?

누구든지 새벽에 일어나서 일을 한다는 것은 쉽지 않다. 그러나 그것이 습관화되면 자동으로 일어나 일을 하게 된다. 혼자서 새벽에 일어나 기도하는 것 또한 어렵다. 그러나 온 성도가 같이, 아니면 구역이나 모임을 통하여 실시하면 가능하다.

한국 교회는 새벽기도를 열심히 한다. 특히, 특별 새벽기도를 교회마다 한다. 예를 들면 "30일 새벽 기도회" 등을 정하여 매일 같은 시간에 나와서 함께 기도한다. 이것은 기도를 습관화하는데 대단히 중요하다. 이런 시간에 참여하여 기도가 몸에 배도록 훈련하자. 습관화되기까지가 어렵지 습관화되면 어렵지 않다.

교회 예배나 기도회는 거룩한 습관을 갖는데 도움이 된다. 같이 참여하다 보면 어느새 나도 모르게 예배가 즐겁고 기도가 하고 싶어진다. 점차 기도의 사람으로 변화된다. 성경 읽는 일, 성경 공부, 주일 지키는 것, 또 전도하는 일에도 그대로 적용된다.

처음부터 생활화하는 사람은 없다. 오랜 습관을 통하여 나의 삶으로 정착하도록 하는 것이다. 이런 것들은 좋은 습관이다. 주님이 습관에 따라 새벽이 기도하러 산에 오르셨듯이 우리도 습관에 따라 기도하는 시간을 갖는다면 기도가 나의 중요한 삶이 될 것이다. 처음에는 7일 정도로 시작하다가 30일 혹은 60일 정도로 기간을 넓혀 나가면 된다.

거듭해서 말하지만 같이 훈련하면 서로 격려가 되면서 혼자 하는 것보다 훨씬 쉽다. 부부가 아니면 가족이 서로 약속을 정하여 격려하면서 좋은 습관을 길들이도록 하자. 그것이 가족의 습관으로 자리 잡게 되면 분명 웃음꽃이 피는 밝은 가정이 될 것이다.

유대인은 토요일 저녁만 되면 가정에서 온 가족이 안식일을 지킨다. 수천 년 동안 해온 유대인의 거룩한 가정의 습관이다. 예배를 드리고 식사를 하면서 서로 대화를 나누고 성경을 공부하는 유대인의 가정 안식일은 유대인을 만드는 좋은 역할을 했다.

오늘 우리들에게도 이런 가정 안식이 필요하다. 매 주일 하루 시간을 정하여 온 가족이 식탁에 모여 대화를 나누고 예배하며 기도해 주는 시간을 가족의 습관으로 가지면 얼마나 좋을까? 처음에는 쉽지 않지만 점차 정착되면 자손 대대로 물려주는 거룩한 유산이 될 것이다.

02

02

CHAPTER 2 마음을 위한
좋은 습관

두려워하지 말며 놀라지 말라
네가 어디로 가든지 네 하나님 여호와가 너와 함께 하느니라 (수 1:9)

마음을 강하게 하고
두려워하지 말자

모세의 뒤를 이은 여호수아가 막상 가나안 땅을 정복하려고 하자 마음이 두려웠다. 모세는 백성들의 강퍅함으로 인해 하나님의 의를 드러내지 못하는 실수를 했다. 여호수아가 이런 백성을 이끌고 가나안을 정복한다는 것은 쉽지 않았다. 이미 가나안 땅에는 아낙 사람들과 같은 거인들과 많은 족속이 자리를 잡고 있었다. 이들을 몰아내고 하나님의 나라를 건설한다는 것은 인간적으로 보면 불가능해 보였다.

이런 저런 생각을 해볼 때 여호수아로서는 도저히 자신감이 생기지 않았다. 그래서 앞 일을 생각하면 무섭고 두려워 마음에 약함을 보이고 있었다. 일을 시작하기도 전에 마음이 약해 있는 여호수아를 향해 하나님은 "두려워 말고 놀라지 말라. 내가 너와 함께할 것이다. 마음을 강하게 하고 담대하라"고 위로와 격려를 하신다.

무엇이든지 마음이 흔들리면 아무것도 못한다. 이런 점에서 일을 시작하기 전에 하나님이 이 일에 함께하신다는 믿음을 갖는 것은 아주 중요하다. 이런 믿음으로 충만하다면 못할 일이 없다.

오늘 우리도 마찬가지다. 하나님이 이런 마음을 주신다면 우리에게 불가능은 없다. 인간은 혼자 있으면 약하다. 겉으로는 강한 것 같지만 마음속에는 늘 두려움과 걱정이 떠나지 않는 것이 사람이다. 하나님 없는 사람들에게 나타나는 현상은 두려움이다. 두려워하는 것은 하나님이 주시는 마음이 아니다. 하나님이 주시는 마음은 평안이다. 하나님이 나와 함께하시면 못할 일이 없다. 우리들도 이런 믿음을 갖고 모든 일에 당당하게 나서야 한다.

매일 마음을 강하게 하는 훈련을 하자. 물론 이것은 마음속으로 주문처럼 외친다고 되는 것은 아니다. 오히려 마음이 더 불안해질 수 있다. 잠깐 효과는 있지만 오래가지 못한다. 이것에 속으면 안 된다. 이것은 일종의 심리적인 자기 최면이다. 어차피 인간은 자기가 할 수 있는 것은 하나도 없다. 하나님이 도와주시지 않으면 아무것도 할 수 없다.

세상의 자기계발에 관한 책들은 한결같이 인간은 위대하기에 무엇이든지 할 수 있다고 말한다. 누구든지 할 수 있다고 반복하여 말하면 말한 대로 된다고 강조한다. 그러나 사실은 그렇지 않다. 그것은 교묘한 속임수다. 이것에 넘어가면 안 된다. 인간의 힘으로 할 수 있는 것은 하나도 없다. 하나님이 도와주셔야만 가능하다. 인간이 할 수 있다는 믿음은 하나님이 나와 함께한다는 전제하에서만 가능한 말이다.

하나님을 믿지 않는 사람들은 할 수 있다고 외치면 외칠수록 더 불안하다. 인간이 강한 것 같아도 자기 생명을 위해서 할 수 있는 것은 하나도 없다. 지금 몸이 병으로 인해 죽어가는 중에도 자기의 죽음을 전혀 예측하지 못하는 것이 인간이다. 죽음 앞에 서 있는 인간은 너무나 약하다. 어차피 죽으면 모든 것은 사라진다. 이런 두려움이 인간에게는 늘 따라 다닌다. 성공을 이룬 순간에도 인간에게는 이런 불안감이 있다. 웃음과 즐거움 속에서도 인간은 이것을 감출 수 없다.

마음속에 늘 하나님이 함께하심을 믿어라. 하나님이 선택한 자녀를 하나님은 결코 버리시지 않는다. 세상 끝날까지 영원히 함께하신다. 죽음 이후까지 함께하시는 하나님을 마음에 굳게 믿어라. 그러면 어떤 세상 일도 두려워하거나 걱정하지 않을 것이다.

나도 모르게 두려워하는 마음이 생기면 다시 확인하라. 하나님이 함께하신다는 말씀을 의지하고 그 약속을 붙잡고 평안을 소유하도록 하라. 이것이 나의 매일의 삶에 습관이 되도록 하자. 잘 안 되면 매일 이 약속을 붙잡고 마음에 평안이 임하도록 하나님께 기도하자.

"두려워하지 말며 놀라지 말라 네가 어디로 가든지 네 하나님 여호와가 너와 함께 하느니 라"(수 1:9)

선한 마음으로 살아가자

크리스천은 무슨 일을 하든지 선한 마음을 가져야 한다. 그 이유는 크리스천이 믿는 하나님은 선하시기 때문이다. 하나님이 하시는 일은 겉보기에는 악한 것 같아도 결국은 선하다. 그러나 마귀의 일은 겉보기는 선한 것 같아도 악하다.

악한 마음을 갖는 것은 하나님이 주시는 마음이 아니다. 마음에 악한 생각을 품으면 궁극적으로 하나님이 그 일에 함께하시지 않는다. 잠시는 잘되는 것 같지만 그 일로 결코 성공을 이룰 수 없다. 이것은 어리석은 일이다. 그렇다면 크리스천은 무슨 일을 하든지 누구를 대하든지 선한 마음을 가져야 한다.

"하나님을 사랑하는 자 곧 그의 뜻대로 부르심을 입은 자들에게는 모

든 것이 합력하여 선을 이루느니라"(롬 8:28)

하나님을 사랑하는 사람은 선한 마음을 잃어버리면 안 된다. 그것은 곧 크리스천의 정체성을 잃어버리는 것과 같다. 비록 손해를 보고 실패한다 해도 선한 마음을 포기하면 안 된다. 일의 성공보다 마음의 실패가 더 치명적이다. 선한 마음을 가지고 하면 사람은 금방 몰라줄지라도 나중에는 사람들에게 존경을 받게 된다. 그리고 더 중요한 것은 하나님이 그 마음을 알고 계신다는 것이다. 그 사람이 하나님과 합한 사람이다. 세상에는 선한 사람보다 악한 사람들이 더 많다.

왜 사람들의 마음이 그토록 악할까? 그것은 본래 사람의 심성이 악하기 때문이다. 자기 중심에 사로잡히면 악한 마음이 들고 결국은 악한 행동이 나오게 된다. 악은 무엇인가? 자기 중심으로 생각하는 것이다. 다른 사람을 배려하지 않고 하나님을 의식하지 않으면 그것이 곧 악한 것이다.

자기 마음이 선한 마음이 되기 위해서는 자기를 버려야 한다. 자기를 십자가에 못 박는 일이 일어나야 한다. 십자가에 자기를 주님과 함께 장사지내지 않으면 어느 누구도 자기의 욕심에서 벗어날 수 없다. 죽은 자는 더 이상 자기를 주장하지 않는다. 그러나 산 자는 자기를 끝까지 주장한다. 자기가 강한 사람은 선한 일을 이룰 수 없고 선한 마음도 가질 수 없다.

선한 마음을 가지기 위해서는 늘 자기를 죽이는 일이 선행되어야 한다. 십자가에 날마다 자기를 죽이는 일이 일어날 때 우리 안에는 선한 마음이 자리 잡게 된다. 선한 마음을 가지기 위해서는 어떤 습관이 필요한가. 날마다 자기를 쳐서 죽이는 일이다. 내 중심보다는 다른 사람중심에서 바라보고, 하나님을 위해서 살아가는 자세가 필요하다. 하나님의 영광을 위해 자기를 포기하고 죽이는 모습을 지녀야 한다.

다른 사람의 입장에서 생각하고 하나님의 시야를 가지고 보려는 습관을 가진다면 그것이 곧 선한 마음이다. 이런 점에서 남에게 베푸는 일은 선한 일에 속한다. 물론 자기를 드러내기 위해서 남에게 선행을 하면 그것은 악한 것이지만 말이다.

마음을 오직 하나님께 집중하자

어떤 일을 행할 때 마음이 가장 중요하다. 사람은 마음의 상태에 따라 행동이 달라진다. 사람의 마음은 간사하여 수시로 바뀐다. 죄악된 인간의 마음은 부패하여 사람을 속이고 이용하는 경우가 많다. 좀처럼 자기의 마음을 드러내지 않는다. 사람은 언제나 자기 중심으로 모든 것을 행하려는 악한 습성이 있다. 겉으로는 다른 사람을 위하는 것 같아도 실제는 자기의 유익을 위한 일을 하기 쉽다.

사람은 자기 중심으로 살아가는 특징을 가지고 있기에, 우리가 살아갈 때 늘 조심해야 할 일은 하나님 중심의 삶을 습관으로 만드는 일이다. 마음을 하나님에게 집중하고 거기서 모든 것을 행하는 습관을 들여야 한다.

인간의 자동 모드는 자기 중심이다. 우리는 하나님을 위한다고 하면서도 어느새 나를 위해서 모든 것을 행하고 있음을 발견할 때가 많다. "주여! 주여! 한다고 천국에 들어가는 것이 아니라"는 말씀은 이것을 의미한다.

내 마음은 아무도 모른다. 그렇기에 속이기 쉬운 것이 사람의 마음이다. 내 마음은 하나님이 가장 잘 아신다. 그 마음을 하나님을 향해 집중하는 습관은 좋은 크리스천이 되는 지름길이다. 무엇을 하든지 하나님의 마음을 품고 해야 하는데 실제는 그것이 쉽지 않다. 이것을 위해서는 평소에 하나님을 바라보면서 늘 그 심정을 품고 일을 행하는 습관이 필요하다. 설사 나에게 손해가 온다 하더라도 주님의 마음을 품고 눈에 보이는 나의 유익을 포기하는 것이다. 이것이 나의 삶에서 자동 모드가 되어야 한다.

다윗은 하나님만 바라보고 그렇게 살려고 했던 사람 중에 한 사람이다. 다윗은 자기를 죽이려는 사울을 죽일 수 있는 두 번의 기회가 있었지만 모두 포기하고 그를 살려 주었다. 왜 그랬을까? 그것은 그 순간 원수인 사울을 보기보다는 하나님을 바라보았기 때문이다. 하나님의 음성에 순종했기 때문에 가능했다. 이것은 평소에 다윗이 하나님에게 집중하는 훈련이 되었기에 가능한 일이다. 다윗은 이렇게 고백했다. 그의 고백은 얼마나 하나님에게 마음을 집중하는지를 잘 보여준 좋은 예다.

"나의 영혼이 잠잠히 하나님만 바람이여 나의 구원이 그에게서 나오는

도다 오직 그만이 나의 반석이시요 나의 구원이시요 나의 요새이시니 내가 크게 흔들리지 아니하리로다"(시 62:1-2)

　우리의 마음을 오직 하나님만 바라고 살아가자. 모든 것을 아시고 나의 인생을 책임지시는 그분에게 나의 마음을 드리고 그분에게 집중하자. 그러면 힘이 솟구칠 것이다. 진정한 힘은 나에게서 오는 것이 아닌 주님에게서 온다. 얼마나 주님을 바라보고 집중하느냐에 따라 하루의 삶은 달라질 것이다.

　하루를 시작할 때 하나님에게 마음을 집중하고 그 힘으로 살아가자. 그러면 생각지 않는 놀라운 일이 일어날 것이다. 내가 감히 상상하지 못했던 일들을 할 수 있는 위대한 힘이 생기게 된다. 집중의 힘은 놀랍다. 지금이라도 하나님에게 집중한다면 갑자기 힘이 솟구칠 것이다. 집중하고 또 집중하자. 하나님을 향해.

주님의 인도하심에 맡기고
기도하며 살자

 나는 하루를 어떻게 살아가는가? 하루를 어떤 마음으로 시작
하는가? 어떤 사람은 정해진 일과를 생각하며 일에 파묻히는
사람이 있는가 하면 또 어떤 사람은 목적과 과업을 수행하기 위해서
삶 전체를 목적 중심으로 살아간다.

그들은 목적을 이루기 위해서 모든 수고를 마다하지 않는다. 심지어
목적을 이루기 위해서 인간적인 수단과 방법을 가리지 않고 사용하기
도 한다. 양심을 팔고 거짓을 행하며 다른 사람에게 피해 주는 일을 서
슴지 않는다. 경쟁 사회에서 이기기 위해서는 어쩔 수 없다고 자위하며
평생 그렇게 살아간다.

그러나 그 결말은 가보지 않아도 뻔하다. 그렇게 해서 행복한 사람
은 역사 이래 한 사람도 없었다. 조금만 눈을 돌려서 지난 나의 과거를

살펴보면 모두가 하나님의 은혜라는 것을 알 수 있다.

종종 은퇴한 원로 목사님이 회고담을 말하는 경우를 대할 때가 있다. 그때마다 반복해서 듣는 말은 오직 하나다. "그동안의 삶을 회고해 볼 때 모두가 하나님의 은혜였다. 내가 산 것이 아니라 주님이 나를 인도하셨다"라는 고백을 듣는다. 인생을 살고 난 후에 듣는 고백이지만 '이것을 미리 알고 행하면 더 좋았을 걸'. 하는 생각이 든다.

아무리 애를 써도 결국은 주님의 손 안에서 벗어날 수 없다. 언뜻 보면 내 힘으로 한 것 같지만, 알고 보면 모두가 하나님의 은혜였고 하나님의 돌보심이었다. 이것을 아는 것이 지혜다.

인생살이가 그렇게 만만하지 않다. 어려움이 늘 도사리고 있다. 어렵게 고난을 극복했다 싶으면 또 다른 어려움을 맞이하는 것이 인생이다. 죽을 때까지 이렇게 살아간다. 세상에서 수고하여 설사 큰 업적을 이루었다 해도 그것 또한 얼마 지나면 사라질 것이므로 큰 의미가 없다.

내가 억지로 무엇을 한다고 내 뜻대로 되는 것이 아니다. 오히려 인생은 자기의 뜻보다는 다른 방향으로 길을 걷는 경우가 많다. 믿음을 가진 사람은 이것을 하나님의 인도하시는 방향이라고 말한다. 물론 내 마음대로 살고서 그것을 하나님의 뜻이라고 돌리는 것은 무책임한 일이다. 최선을 다하고 살아가지만 내 뜻대로 안 될 때 우리는 하나님의 선한 인도하심에 따라간다는 믿음을 가지는 것이 중요하다.

인생길은 지금 당장은 모른다. 길게 가보아야 안다. 인생은 장거리 경주와 같아서 지금 잘 달린다고 해서 그것이 꼭 잘 달리는 것은 아니다.

마라톤 경기에서 보면 처음에 앞서서 독주하는 사람이 어느 순간에 아예 대열에서 보이지 않듯이 길게 힘의 안배를 하고 꾸준하게 인내를 가지고 인생 경기에 임하는 자세가 필요하다.

매일 살아갈 때 크게는 하나님의 인도하심에 따라 내가 달려가는 것임을 잊지 않는다면 매일 기도하는 것은 필수적인 일이다. 사람은 오늘 일을 알 수 없기에 하나님께 도움을 구하는 겸손함이 늘 요구된다.

이것이 습관화되면 얼마나 좋을까? 그렇게 되면 어떤 일을 만나도 긍정적이 되며 가능성을 바라보게 된다. 하나님의 시야에서 인생을 바라보면 어떤 일도 우연한 일은 없다. 마라토너가 달릴 때 이미 정해진 코스를 달려간다. 자기 마음대로 달리는 선수는 없다. 그렇다고 해서 자기의 책임이 없는 것은 아니다. 열심히 달려야 하지만 정해진 길을 벗어나면 반칙이 된다.

오늘 우리의 인생도 이와 같다. 크게는 하나님의 정해 주신 길을 달려간다. 그것을 믿고 하루를 살아간다면 힘이 날것이다. 그리고 순간마다 하나님의 도우심을 구한다면 인생의 지혜가 생길 것이다. 기도하는 자에게는 넘어져도 다시 일어서는 용기가 하늘로부터 주어질 것이다.

인생에서 실패하는 사람들은 인생의 큰 그림을 바라보지 못하고 현재의 모습에 매여 있기 때문이다. 하나님이 나의 인생을 주도하시고 있다고 믿으면 인생의 불안함이 사라지고 작은 실패에도 두려워하지 않게 된다.

모든 일에 감사하며
항상 기뻐하자

성경은 우리에게 "범사에 감사하라"고 명령한다. 이것이 그리스도 안에서 우리에게 향하신 하나님의 뜻이다. 그러나 실제로 우리가 모든 일에 감사하는 것은 아니다. 우리는 좋은 일이 생기면 감사하지만 좋지 않은 일이 생기면 감사하는 것이 어렵다. 보통 감사는 좋은 일이 생겼을 때만이 가능하다.

우리가 어떻게 하면 모든 일에 감사하면서 살 수 있는가? 그것은 하나님을 바라보면서 생활하는 것이다. 하나님의 시각으로 보면 모든 것이 감사하다. 우리가 감사하지 못하는 이유는 내 시각으로 삶을 보기 때문이다. 인간의 시각은 늘 제한적이다. 과거를 통해 현재만 본다. 그리고 미래가 어떻게 일어날지는 알 수 없다.

사람들 가운데에는 내일 일을 생각하며 걱정부터 앞서는 사람이 있다. 물론 어느 정도 예측은 가능하다. 그러나 그것이 정답은 아니다. 내일 일은 아무도 모른다. 모르기 때문에 미리 걱정하는 것은 어리석은 일이다. 오늘 일에 충실하면 그것이 지혜로운 방법이다. 내일 일을 염려하다 보면 오늘 하는 일을 그르치기 쉽다. 하던 일조차도 그만둘 가능성이 있고 자포자기하게 된다. 그래서 성경에서는 이렇게 말하고 있다.

"내일 일을 위하여 염려하지 말라 내일 일은 내일이 염려할 것이요 한 날의 괴로움은 그 날로 족하니라"(마 6:34)

오늘 하루 주신 것을 하나님에게 감사하면서 하루에 최선을 다하며 사는 것이 중요하다. 인생을 살다 보면 경험하는 것이지만 모든 것이 내 생각대로 되지 않는다. 또한 하고 싶다고 해서 하고 싶은 일을 하는 것 아니다. 이 세상에는 하고 싶지 않은 일을 하는 경우가 더 많다. 그래서 사람들은 불평과 원망을 많이 한다. 다른 사람과 비교하며 자신의 신세를 한탄하기도 한다. 그때마다 우리가 기억할 일이 있다.

하나님의 생각은 나의 생각과 다르다는 것이다. 나의 생각은 늘 문제가 있을 수 있다. 인간은 길게 또 전체를 볼 수 없다. 제한적인 생각과 경험을 가지고 있다. 어떻게 보면 내가 알 수 있는 것은 아주 적다. 오히려 알지 못하는 부분이 더 많다. 특히 하나님이 하시는 일 속에는 인간이 이해할 수 없는 일이 많다.

만약 내가 이해하지 못하기에 불평한다면 그것은 자기 교만이다. 그것을 거부하기보다는 오히려 나의 생각을 넘어서는 하나님의 섭리의 차원으로 받아들이는 것이 바람직하다. 우리의 인생은 내 뜻대로 사는 것이 아니라 하나님의 뜻에 따라가는 삶이다.

물론 하나님의 뜻에 맞추는 일은 쉽지 않다. 단번에 맞추기보다는 퍼즐을 맞추듯이 하나씩 맞추는 경우가 많다. 인생을 살면서 점차 인생의 그림이 완성된다. 어떤 때는 전혀 다른 그림이 될 수도 있다. 내가 생각하는 것과 정반대로 가는 것일 수 있다.

그러나 오늘 하루의 시간을 하나님이 주셨고 하나님의 인도하심에 따라 살아간다는 믿음이 있다면 그 순간도 감사할 수 있다. 항상 기뻐할 수 있다. 이것을 잊어버릴 때 감사가 사라진다.

욥은 주신 자도 하나님이시오 가져가신 자도 하나님이시니 하나님을 찬양한다고 했다. 나의 모든 것을 가져간다 해도 우리는 하나님 앞에서 욥처럼 찬양하며 기뻐할 수 있어야 한다. 그것이 하나님이 하시는 일이라면 거기에는 하나님의 뜻이 있을 것이다.

인생을 하나님의 눈으로 바라보는 습관을 들이자. 당장 힘들어도 그렇게 보도록 노력하면 자연히 감사할 일이 생기고 마음에 평강이 찾아올 것이다. 하나님을 믿는 자녀에게는 모든 것이 합력하여 선을 이룬다는 사실을 믿고 오늘 일에 최선을 다하는 삶을 살아가자. 어떤 상황에서도 감사하자. 우리에게는 하나님이 계신다. 설사 다른 것을 모두 잃었다해도 하나님 한 분만으로도 우리는 충분히 감사할 수 있다.

성경구절을 매일 하나씩 암송하며
마음에 새기자

 유대인들은 매일 하루를 시작할 때와 마칠 때에 반드시 암송하는 성경구절이 있다. 이것은 어린아이가 말을 배우기 시작할 때부터 암송시킨다. 유대인의 근간을 이루는 성경구절로 우리는 이것을 쉐마(들으라)라고 말한다.

"이스라엘아 들으라 우리 하나님 여호와는 오직 유일한 여호와시니 너는 마음을 다하고 뜻을 다하고 힘을 다하여 네 하나님 여호와를 사랑하라"(신 6:4)

유대인들은 소리를 내면서 성경을 암송한다. 이것은 자기가 말하면서 자기가 듣는 효과가 있다. 오직 한분이신 하나님을 마음에 새기고 그 하나님을 전인적으로 사랑해야 한다는 쉐마의 구절은 평생 동안 유대인의 마음에 새겨져 있다. 잘 암송하고 있는 구절임에도 그들은 매일 반복하여 암송하며 평생 동안 듣는다.

왜 그럴까? 마음에 깊게 새기기 위해서이다. 마치 큰 못을 천천히 반복하여 깊게 박는 것과 같다. 하나님을 마음에 새기는 일은 중요하다. 먹든지 마시든지 하나님의 영광을 위한 삶을 살기 위해서 하나님을 늘 묵상하고 생각해야 한다. 그렇게 되면 하나님의 말씀이 우리를 이끌어가게 된다. 인생의 방향이 흔들릴 때마다 하나님이 나에게 힘을 주신다.

하나님의 말씀은 살아 있고 운동력이 있다. 우리의 혼과 골수를 쪼개는 창조의 능력이 있다. 하나님은 세상을 말씀으로 창조하셨다. 그 말씀을 암송하며 마음에 새기고 묵상하는 것은 하나님으로 하여금 나를 통한 계속적인 창조사역을 행하는 일이다. 말씀이 나의 마음이 있을 때 우리의 영혼은 새롭게 되고 나는 새 창조의 일을 할 수 있다. 이런 점에서 말씀을 암송하는 일은 매우 중요하다.

암송은 어릴 때 잘 된다. 어린아이는 반복하는 것을 지겨워하지 않기에 어른들보다 쉽다. 하지만 암송은 나이와 상관이 없다. 어른들도 암송은 마음만 먹으면 모두 가능하다. 인간의 뇌는 무한정이다. 나이가 들면 암송이 힘들다는 편견이 오히려 암송을 하지 못하는 요인이 된다. 자기에게 꼭 필요한 것은 노인이라도 잘 암송한다.

중요한 것은 마음의 자세다. 하나님의 말씀대로 살고 그 말씀을 마음에 새기고자 하는 의지만 있다면 누구나 암송은 가능하다. 암송을 하면 집중력과 창의력과 사고력에 도움이 된다. 노인들의 치매 예방에 암송만한 것이 없다. 암송을 하다 보면 머리를 사용해야 함으로 자연히 두뇌가 건강하게 된다.

매일 성경 한 구절씩 암송한다면 얼마나 좋을까? 성경은 성령의 검이다. 말씀을 마음에 새기는 것은 영적 무기를 갖추는 것과 같다. 가능한 많은 말씀을 저장하면 어려운 순간에 큰 위력을 발휘하게 된다. 말씀이 우리 속에 풍성히 거할 때 우리는 말씀을 따라가는 삶을 살 수 있다.

세상을 살다 보면 중요한 결정을 내릴 때가 있다. 그때마다 우리는 어찌 해야 할 바를 몰라서 당황하게 된다. 결정을 내리는데 도움이 될 만한 지침이 생각나지 않을 때 우리는 힘들어 한다. 그때 마음에 새겨둔 성경말씀이 생각난다고 상상해 보자. 대단한 힘을 발휘하게 될 것이다.

성령은 기억나게 하시는 영이다. 새로운 것을 만들 수도 있지만 오히려 이미 있는 것을 통하여 역사하신다. 필요할 때 생각나게 하시고 기억나게 하시는 일은 성령의 사역이다. 우리가 많은 말씀을 암송해 둔다면 어려울 때마다 성령은 우리의 마음속에 담겨둔 말씀을 적절하게 기억나게 하실 것이다.

일단 저장을 많이 하라. 그래야 성령님이 역사하실 수 있는 기회가 많아진다. "티끌모아 태산"이라는 말이 있다. 매일 한 구절씩 성경을 암송하는 것이 하루생활 속에서는 별것 아니지만 일 년만 마음속에 쌓인다고 생각해도 대단한 능력이다. 만약 내 마음에 천 개의 성경구절이 암송

되어 있다면 어떤 일이 일어날까? 순간마다 나의 생각과 마음을 지배하면서 마음에 풍성함을 누릴 수 있고 자신감을 갖게 될 것이다.

　지금이라도 성경구절을 암송하는 습관을 매일 가지자. 처음에는 일주일에 한 구절이라도 시작하자. 그리고 그것이 하루생활의 습관이 되게 하자. 마치 몸을 위해서 영양제를 매일 먹는 것처럼, 영혼의 영양제를 매일 먹도록 습관을 들이자. 예를 들어 8복(마태복음 5:3-10)이나 마음에 은혜가 되는 구절을 뽑아서 매일 암송하는 일을 지금부터 시작해 보자. 출퇴근 시간이나 자투리 시간을 최대한 이용하여 시작하면 좋을 것이다. 지금이라도 늦지 않았다. 바로 시작하자.

자족하는 마음을 갖자

 사람의 욕심은 한이 없다. 우리 주위에는 잘 나가다가 갑자기 사업에 실패하여 인생을 망치는 사람들이 더러 있다. 대부분이 욕심 때문이다. 사람은 한번 탐욕에 사로잡히면 제어하기 힘들다. 제동 장치를 상실한 자동차처럼 죽는 줄도 모르고 질주하게 된다. 그러다가 결국은 패망하게 된다.

욕심이라는 병은 한번 걸리면 빠져나오기 어렵다. 욕심은 인간이 늘 조심해야 하는 마음의 질병이다. 욕심은 작은 것부터 시작된다. 그것이 점차 커져서 나중에는 감당 못할 상황에 이르게 된다. 욕심을 작은 것에서부터 제어하지 못하면 나중에는 아무도 그것을 말릴 수 없다. 자신도 어쩔 수 없다.

인간이 자기 자리를 지킨다는 것이 쉽지 않다. 왜냐하면 인간은 늘 자기를 넘어서고자 하는 욕망이 자리 잡고 있기 때문이다. 이것은 모든 인간이 가지고 있는 본질적인 죄악의 모습이다. 우리가 욕심에 빠지지 않기 위해서는 평소에 자기 자리를 잘 파악하는 훈련을 해야 한다.

인간의 조상인 아담과 하와는 자기 자리를 벗어나 하나님의 자리를 넘보다 타락에 이르게 되었다. 아담과 하와도 욕심 때문에 죄를 짓게 되었다. 하나님과 같아지려는 인간의 욕망이 생기면서 그것을 절제하지 못하고 그만 하나님이 금하신 선악과를 먹었다.

인간은 늘 선악과를 먹고자 하는 욕망이 자리 잡고 있다. 자기 것이 아닌 다른 것을 넘보는 사람들이 우리 주위에 얼마나 많은가? 다른 남자와 여자를 넘보는 사람들, 남의 물건을 넘보는 사람들, 자기에게 맞지 않는 자리를 넘보면서 그것을 탈취하기 위해 교활한 수법을 꾸미는 사람들이 많다. 그들 모두 자기 욕심에 사로잡힌 자들이다. 성경은 이런 사람들에게 경고하고 있다.

"오직 각 사람이 시험을 받는 것은 자기 욕심에 끌려 미혹됨이니 욕심이 잉태한즉 죄를 낳고 죄가 장성한즉 사망을 낳느니라"(약 1:14-15)

문제는 욕심이다. 그 욕심을 발견해 내는 지혜가 필요하다. 사실 자신이 욕심을 부리는지 본인은 알 수 없다. 그래서 사람은 자기가 죽는 줄도 모르고 욕심의 함정에 한없이 빠져든다. 욕심에 깊게 빠진 사람들은 다른 사람의 말에 귀를 기울이지 않는다. 그리고 문제가 생기면 그때서야 정신을 차리게 된다. 인생을 이렇게 살면 불행하다. 우리는 이런 인생이 되지 않도록 늘 조심해야 한다.

말씀과 기도는 우리의 욕심 상태를 알려 주는 진단기와 같다. 매일 말씀과 기도를 하는 이유도 여기 있다. 오늘 하루의 생활 속에서 욕심이 생기지 않도록 하나님께 기도하며 도움을 구하는 일은 하루생활에 꼭 필요한 일이다.

어떻게 하면 욕심을 부리지 않고 자족할 수 있는가? 바울은 늘 자족하는 삶을 살았다. 자족이라는 것은 모든 것을 다 가진다는 의미가 아니다. 자기의 주어진 현실에 만족한다는 것을 말한다. 이것은 빈곤에 처할 줄도 알고 부함에도 처할 줄도 아는 그런 상태다. 이것은 자기 자리를 알 때 주어지는 복이다.

이런 자족을 얻기 위해서는 평소에 하나님의 은혜를 기억하며 하나님의 인도하심에 따라 사는 훈련이 필요하다. 내가 사는 것이 아닌 내 안에 그리스도가 사는 삶을 살면 자족하게 된다. 그러나 내가 사는 삶을 살면 자연히 욕심이 생기게 된다.

하나님의 인도하심을 느끼고 그렇게 살기를 소원한다면 주어진 생활에 우리는 만족하게 된다. 여기서 만족한다는 것은 나의 관점이 아닌 하나님의 관점이다. 물 흐르듯이 하나님의 인도하심을 경험한다면 어떤 상황에도 하나님에게 나의 삶을 맡기면서 자족할 수 있다.

모든 것이 하나님이 주신 것이라는 전제를 가진다면 나의 주어진 삶은 의미가 있고 거기에서 행복을 찾을 수 있다. 갑자기 모든 것을 빼앗기면 그때서야 우리는 빼앗긴 자의 심정을 알게 된다. 계속 가지고 있으면 그 심정을 알지 못한다. 물질은 빼앗겼지만 오히려 사람의 마음은 얻은 것이다.

오늘도 우리 주위에는 나보다 못한 사람들이 많다. 위만 쳐다보지 말고 아래도 쳐다보아야 한다. 온도계가 오르락내리락 하는 것을 보면서 우리는 겨울과 여름을 느끼게 된다. 인생은 사계절과 같다. 사계절 중에 어느 계절이 좋다고 말할 수 없다. 모두 필요하고 각자 나름대로 의미가 있다.

계절의 특징을 이해하고 그 나름대로 기후에 적응하면서 각 계절이 주는 특징을 즐길 수 있다면 그것이 자족함이 아닐까? 오늘 나는 어느 계절인가? 혹시 눈보라가 몰아치는 추운 겨울은 아닌지. 그 속에서도 감사하며 그 가치를 찾는다면 차가운 눈보라의 의미가 갑자기 새롭게 다가올 것이다.

포기하지 않는
인내의 마음을 갖자

누구나 어릴 때 들었던 "토끼와 거북이 이야기"를 잘 알고 있을 것이다. 토끼와 거북이는 각자 자기의 특징이 있다. 거북이는 느리고 토끼는 빠르다. 이것은 하나님이 그들에게 주신 특징이다. 토끼와 거북이는 인생을 그대로 보여 준다.

인생은 빠르고 느림이 공존한다. 문제는 이것을 얼마나 잘 조화롭게 유지하고 적용하느냐가 중요하다. 때에 따라서는 빨라야 할 때도 있고, 느려야 할 때도 있다. "토끼와 거북이"의 이야기 핵심은 "빠르냐 느리냐"에 있지 않다. 교만하지 않고 자기의 주어진 일에 최선을 다하며 인내와 끈기를 가지고 포기하지 않으면 누구나 승리한다는 이야기를 말하고 있다. 거북이처럼 자기의 주어진 페이스를 유지하면서 끝까지 포기하지 않고 인생을 살면 누구든지 인생을 성공적으로 이끌 수 있다.

인생은 결국 인내와의 싸움이다. 얼마나 인내하고 포기하지 않는 마음을 갖고 있는가가 인생의 성공과 실패를 결정한다. 살다 보면 성공만 있는 것이 아니다. 오히려 실패할 때가 더 많다.

왜 하나님은 인간에게 성공보다 실패를 더 많이 경험하게 했을까? 그것은 인내를 가지고 일어서게 하기 위함이다. 포기하지 않고 달려가는 삶을 살게 하기 위해서 실패를 주시는 것이다. 우리는 실패할 때마다 일어서는 법을 배워야 한다. 참고 인내하면서 하나님을 의지하는 법을 배운다면 실패는 의미가 있다.

사람들은 성공할 때 하나님을 잊어버리기 쉽다. 그러나 실패할 때는 하나님을 더욱 의지하게 된다. 성공보다는 하나님을 붙잡는 것이 성공이다. 하나님을 잊어버리면 설사 성공했다 해도 그것은 실패다. 하나님의 관심은 이 세상에서 성공하는 것보다 하나님을 잡는 것을 원하신다.

대부분의 사람들은 일이 잘 풀리면 하나님을 의지하지 않게 된다. 이럴 때 실패는 오히려 큰 기회가 될 수 있다. 실패가 하나님을 의지하게 만들었다면 말이다. 문제는 얼마나 참고 기다리느냐 하는 것이다. 끝까지 포기하지 않고 기다리면 언젠가는 해결책이 보인다.

문제는 "어떻게 하면 포기하지 않으면서 살 수 있는가." 하는 것이다. 이것은 말처럼 쉽지 않다. 참고 기다린다는 것은 인간의 힘으로는 불가능하다. 그래서 많은 사람들이 중간에 포기하고 그만 둔다.

성경의 인물들은 한결같이 기다린 사람들이다. 모세는 40년 광야생활에서 오랫동안 하나님의 때를 기다렸다. 아브라함은 이삭을 낳기까지 25년을 기다려야 했다. 예수님은 공생애 시작하기 전까지 30년을 준비하시면서 기다렸다. 이들을 한결같이 인내하고 기다리게 했던 것은 하나님의 약속이었다.

왜 기다리지 못하는가? 왜 중간에 포기하고 마는가? 그것은 하나님의 약속이 없기 때문이다. 그리고 하나님을 전적으로 신뢰하지 못하기 때문이다. 우리는 하나님을 믿는 만큼 기다리게 된다. 믿음은 우리를 다시 일어서게 한다. 인내하는 마음은 하나님에 대한 믿음과 비례한다. 믿음만큼 인내한다. 이것은 역으로도 정리할 수 있다. 우리로 하여금 인내하게 하는 것은 하나님을 더욱 의지하도록 만드는 것이다.

인내는 하루아침에 안 된다. 인내는 오랜 습관이다. 참아본 만큼 참는다. 그러나 참는 것이 어려운 사람들이 있다. 쉽게 화를 내거나 하던 일을 그만두는 사람들은 평소에 참는 습관이 안 된 사람들이다.

인내하는 것은 내 힘으로 안 된다. 그러나 하나님의 말씀을 의지하면 쉽다. 하나님께 원수를 맡기라는 약속의 말씀이 생각나면 묵묵히 인내할 수 있다. "내가 세상 끝날까지 너희와 항상 함께 있으리라"(마 28:20)는 말씀을 의지하고 인내하자.

어떤 경우에라도 포기하지 말고 주님을 바라보자. 하나님에 대한 믿음이 없으면 인내가 힘들다. 자칫 한풀이로 남게 될 수 있다. 믿음을 가지고 인내하는 습관을 갖다 보면 언젠가는 우리에게 좋은 날이 올 것이다. 가장 좋은 것은 마지막에 온다는 것을 믿자.

주님의 마음을
닮으려고 노력하자

인간이 가지고 있는 본래 마음은 어떤 마음일까? 이것을 알지 못하면 우리는 자기 생각으로 평생을 갈 수 있다. 모든 것을 자기 마음대로만 하려고 한다. 결국 인생은 마음 때문에 실패하게 된다. 마음을 쓰는 습관에 따라 나의 삶은 달라진다. 모든 것은 마음먹기에 달라진다.

그러나 그 마음이 문제다. 인간의 마음은 수시로 변한다. 만물보다 부패한 것이 사람이 마음이라고 성경은 말한다. 하지만 우리는 한 가지 착각을 한다. "나의 마음은 선하다"라는 잘못된 생각을 가지고 있다. 어떤 사람은 그 고집을 끝까지 포기하지 않는다. 그러다가 마음이 점점 강퍅하여 마침내 멸망하고 만다.

하나님이 인간을 창조하신 후에 한 번 멸망시키신 일이 있었다. 그것은 노아 홍수 때였다. 노아 홍수 시대의 사람들은 어떤 상태였을까? 창세기 6:5에 보면 그때의 사람의 상태를 자세하게 기록하고 있다.

"여호와께서 사람의 죄악이 세상에 가득함과 그의 마음으로 생각하는 모든 계획이 항상 악할 뿐임을 보시고"

당시 사람의 마음과 생각이 항상 악했다고 말한다. 인간은 본래 하나님을 마음에 두기 싫어한다. 인간은 모두 죄인이다. 세상 사람들을 보라. 많은 사람들이 복음을 소개 받았음에도 불구하고 그들은 하나님을 거부하고 있다. 복음을 듣지 않는다.

인간을 구원한 예수님의 사랑은 무조건적이다. 모든 인간에게 해당되는 그 사랑을 이상하게도 사람들은 받기를 거부한다. 사랑을 주어도 받지 못하는 것은 거부하는 사람의 책임이다. 하나님이 인간에게 잘못한 일이 없음에도 그들은 그냥 이유없이 거부한다. 그리고 신경질이 날 정도로 하나님을 모욕하고 비난하는 사람도 있다. 심지어 하나님을 믿는 자녀들을 핍박한다. 이상하지 않은가? 왜 그들은 그렇게 하나님을 죽도록 싫어할까? 그것은 인간의 마음이 본래 악하다는 것을 증명하는 것이 아니고 무엇인가?

얼마 전에 우리나라에 안티 기독교인들이 버스광고를 한 적이 있었다. 하나님이 없다는 의미로 "인간이 하나님을 믿는 것은 헛된 일이다"라고 선전을 하는 것이었다. 노골적이고 공개적으로 하나님을 거부하는 그들을 보면서 '왜 그들이 그렇게 하나님을 싫어할까?' 생각해 보았다. 그속에 자기가 가득 차 있어서 그렇다. 즉 인간의 마음속에 가지고 있는 악한 마음 때문이 아닌가 싶다.

그 마음을 가지고 무엇을 한들 거기에 희망이 있을까? 마치 아버지가 필요 없다고 외치는 불량아들과 같다. 자기가 태어난 것조차 거부하는 그런 삶을 사는 사람 같다. 자기가 그냥 하늘에서 떨어진 것이 아님에도 자기 부모를 거부한다면 이것은 몰상식한 일이 아닌가. 세상이 마치 다른 우주에서 떨어졌거나 인간이 땅에서 솟아난 것처럼 생각하는 그들의 마음이 무엇일까 사뭇 궁금하다.

이런 인간의 마음은 그대로 두어서는 안 된다. 흔히 인간의 마음을 정화하기 위해서 마음을 비워야 한다고 말하는 사람들이 있다. 그러나 비운다고 사람의 마음이 정화가 될까? 매일 보고 듣고 말하고 만지는 모든 것이 타락된 것들인데 과연 비운다고 깨끗해질까 하는 의문이 든다.

세상을 완전히 떠나지 않고서는 그것을 이룰 수 없다. 그래서 마음을 비우기 위해 속세를 떠나지만 그것은 떠나는 것이 아니다. 그렇다면 비우는 것으로는 한계가 있다. 비운다고 비워지는 것이 아니기 때문이다. 적극적으로 채우는 것이 필요하다. 이것은 새로운 마음, 거룩한 마음을 닮는 것이다.

하지만 인간의 마음은 다 같은 것이어서 누구를 닮는 것은 한계가 있다. 위인들을 닮는다고 하지만 그들 마음속에도 우리와 같은 악한 것들이 여전히 있다. 그렇다면 온전한 분을 닮아야 하는데 그분이 바로 예수님이다. 모든 것은 예수님의 마음을 품으면 해결된다. 문제는 그 예수님의 마음을 품지 않기 때문에 죄악의 문제가 해결되지 않는 것이다.

"너희 안에 이 마음을 품으라 곧 그리스도 예수의 마음이니" (빌 2:5)

우리는 매 순간 주님의 마음을 품는 것이 우리의 목표가 되어야 한다. 모든 크리스천은 주님의 마음처럼 되는 것이 제일 큰 소원이다. 누구를 품느냐에 따라 마음도 달라진다고 한다. 주님을 마음속에 그려라. 그러면서 매일 주님의 마음을 닮으려고 노력하자.

성경을 읽어 보면 주님의 마음이 가득 담겨져 있다. 말씀을 통해 우리의 마음속에 주님의 마음을 그려 넣자. 화가가 매일 그림을 그리면서 완성해 가듯이 마음이라는 화폭에 주님의 마음을 새기는 작업을 하자. 그렇게 되면 어느 순간에 우리의 마음이 주님처럼 변하게 될 것이다.

부부는 닮는다고 하지 않은가? 왜 그런가? 매일 보고 살기 때문에 서로 닮게 된다. 우리도 매일 말씀을 통해 주님의 얼굴을 보고 주님의 마음을 읽으면서 살아간다면 언젠가는 주님과 같은 마음이 될 수 있다.

신앙의 관건은 무엇을 많이 하느냐에 있는 것이 아니다. 얼마나 주님의 마음을 품고 사느냐에 달려 있다. 물론 이것은 하루아침에 안 된다. 매일 습관처럼 주님의 마음을 사모하고 그런 심정으로 사람을 만나며 일을 처리한다면 주님의 형상을 닮은 모습으로 변화될 것이다.

마음의 조급함을 버리고
하나님의 때를 기다리자

 사단이 좋아하는 것이 하나 있다. 그것은 마음을 조급하게 갖는 것이다. 종말이 다가올수록 사람은 조급해진다. 조급하다는 것은 인간의 욕심이 들어갔다는 것을 뜻한다. 믿음을 가진 사람은 절대로 조급해 하지 않는다. 그러나 인간적인 마음을 갖게 되면 나타나는 현상이 조급함이다.

마음이 조급하면 아무것도 안 된다. 오히려 마음이 불안하고 어리석은 일을 저지르게 된다. 하나님과 정반대의 길을 가게 된다. 마음이 조급하다는 것은 하나님을 믿지 못한다는 증거요, 하나님에 대한 신뢰가 없다는 말이다.

아브라함은 75세 때에 하나님의 부름을 받았다. 비록 나이는 들었지만 그를 통하여 위대한 민족을 이룰 것이라는 것이다. 하나님은 아브라함에게 뭇별과도 같은 큰 민족을 이루게 하실 것이라고 약속하시는 한편 잊어버릴 것 같아서 하늘의 별을 보게 하고 약속을 하늘에 새겨 주셨다. 매일 하늘을 보면서 하나님의 약속을 기억하게 하기 위해 주신 특별한 하나님의 기억장치였다.

하지만 10년이 지나도 아들의 잉태에 대한 소식이 없자 아브라함은 조급한 마음이 들었다. 결국 사라의 말을 듣고 몸종 하갈을 통해 이스마엘을 낳았다. 하나님의 때를 기다리지 못하고 그만 실수를 저질렀다. 아브라함은 나이가 85세에 되면서부터 마음이 조급해지기 시작했고, 그때부터 하나님을 신뢰하지 못했다.

오늘 우리도 이런 실수를 저지를 수 있다. 마음의 조급함을 버리고 하나님의 때를 기다리는 훈련을 해야 한다. 하나님의 때를 기다리는 것은 단번에 이루어지지 않는다. 우리는 오랜 훈련과 습관을 통해 하나님의 때를 이해하고 순종하게 된다. 마음의 조급함을 버리는 것은 하나님의 훈련과정에 들어 있다. 억지로 일을 처리하지 말고 하나님의 때를 기다리는 지혜가 필요하다. 마음이 조급하다는 것은 아직 인간의 자아가 살아 있다는 증거다. 내가 해볼려고 하는 인간의 힘이 강하게 들어 있음을 말한다.

인간의 실패는 모두 마음의 조급함을 이기지 못해서 생기는 것들이다. 인간의 욕심과 하나님에 대한 불신이 들어가면 인간은 당연히 조급하게 된다. 로또를 통해서 한 번에 대박을 꿈꾸어 본다든지, 부동산 투기를 통해서 부자가 되고자 하는 것 등이 인간의 조급함이 만든 결과라 할 수 있다.

하나님의 때와 상관없는 인간의 때를 구할 때 결국은 패망하게 된다. 그런 사람들의 말로는 모두가 비참했고 불행했다. 하나님의 때에 이루어지지 않는 인간의 위대한 일은 성공이 아니다.

예수님의 공생애 사역을 보면 한 가지 발견되는 특징이 있다. 그것은 모든 것을 하나님의 때에 맞추어 사는 습관을 가지셨다는 것이다. 하나님의 때를 기다리면서 그것에 자기의 모든 것을 맞추셨다. 예수님은 나사로가 죽기 전에 가야 함에도 아직 하나님의 때가 아님을 들어서 그가 죽은 이후에 베다니에 가셨다. 가나 혼인잔치 때에도 아직 하나님의 때가 아니기에 포도주 만드는 것을 미루셨다.

우리도 이런 습관을 갖자. 이것이 과연 하나님의 때인가를 생각하면서 그것에 맞추도록 하자. 하나님의 때를 기다린다는 것은 하나님이 하시도록 나의 모든 것을 위임하는 것을 의미한다. 무엇이든지 억지로 하면 문제가 발생한다. 하나님이 열어 주시는 대로 순종하면서 나가면 하나님은 좋은 길로 인도하신다. 우리가 무슨 일을 할 때, 기도하면서 늘 주님의 때에 맞추는 습성을 들인다면 이보다 더 좋은 인생 성공 전략은 없을 것이다.

03

03

CHAPTER 3 생각을 위한
좋은 습관

보라 지금은 은혜 받을 만한 때요
보라 지금은 구원의 날이로다 (고후 6:2)

"예수님이라면 어떻게 하실까?" 생각하며 하라

베스트셀러로 잘 알려진 찰스 M. 쉘돈이 지은 『예수님이라면 어떻게 하실까』라는 책이 있다. 회중교회의 목사인 쉘돈은 목회사역을 하면서도 특히 사회사업에서 큰 활약을 했다. 이를테면 실직한 인쇄공처럼 가장하여 시가지를 직접 헤매기도 했다. 이때 그는 크리스천들의 냉대와 무관심에 큰 충격을 받았다고 한다. 그가 자기 교회 성도들에게 낭독해 주기 위해 쓴 이 책은 바로 그런 충격의 깊은 발산에서 나온 것이다.

저자는 "예수님이라면 어떻게 하셨을까?"라는 생각을 가지고 실천적인 삶을 산 내용을 소설 형식으로 쓴 이 책에서, 크리스천은 "예수님이라면 어떻게 하실까?"라는 생각을 하면서 자기의 일을 다시 돌아보면 놀랍게 삶이 달라질 것이라고 말한다. 또한 "예수님이라면 어떻게 하셨을까?"라는 생각 하나만으로도 엄청난 변화가 일어날 수 있음을 잘 나타내고 있다.

이것은 오늘날 크리스천에게도 그대로 적용된다. 생각하는 대로 삶은 달라진다. 어떤 생각을 갖느냐가 중요한데 그 생각을 하지 못하고 살 때가 많다. 생각도 습관이다. 나쁜 생각을 하는 사람은 늘 나쁜 생각을 한다. 부정적인 사람은 모든 사물을 부정적으로 본다. 이렇게 한번 길들여지면 좀처럼 그 생각의 틀에서 벗어나지 못한다. 생각을 어떻게 가지느냐가 중요하다.

인간은 기본적으로 자기 생각이 강하다. 모든 것을 자기의 눈으로 보려는 특징이 있다. 이것은 죄악된 본성에서 나온 것이다. 긍정적인 생각이 부정적인 생각보다는 좋지만 꼭 그런 것은 아니다. 요즈음 긍정의 심리학이 유행처럼 사회를 감싸고 있다. 너무 힘들다 보니 늘 좋게 생각하자는 것에는 모두가 동의한다. 그래서 너도 나도 긍정적인 생각을 하려고 노력한다.

그러나 이 세상이 그렇게 우리가 생각하는 것처럼 긍정적인 것은 아니다. 오히려 부정적인 일들이 더 많이 있다. 만약 부정적인 것을 덮어버리고 무조건 잘되는 방향으로 가다 보면 상황이 더 나쁘게 될 수도 있다. 어떤 경우는 긍정적인 생각이 인간의 욕망에서 나온 것일 수 있다. 자기의 죄를 덮고 넘어가고자 하는 합리화가 좋은 것으로 포장할 수도 있다는 것이다.

좋은 방향으로 생각한다는 것이 긍정적인 생각인데 사실 좋은 방향이라고 하는 것은 인간의 차원이 아닌 하나님이 보시는 차원을 말한다. 누가 볼 때 좋다는 말인가? 사람을 기쁘게 하랴? 하나님을 기쁘게 하랴? 사람에게만 좋게 하는 긍정은 욕망이 될 수 있다. 하나님의 사람들은 사람보다 하나님을 기쁘게 했다. 긍정적인 생각은 하나님의 측면이지 인간적인 측면이 아니다. 하나님이 보시는 눈은 선하기에 언제나 긍정적이다. 하나님의 측면에서 긍정의 힘을 이해해야 할 것이다.

그러면 크리스천은 어떤 생각으로 살아야 할까? 그것은 주님의 생각으로 사는 것이다. 그것이 바로 '주님이 어떻게 생각하실까?'이다. 나의 생각이 아닌 주님의 생각으로 바라보면 모든 것이 다르게 보인다. 생각의 전환 하나가 우리의 삶을 송두리째 바꿀 수 있다. 우리가 신앙을 갖는 것은 결국 예수님의 생각을 갖고자 함이다. 그리고 그런 생각으로 살아가기 위함이다.

예를 들면 주님은 사람을 외모로 보지 않는다. 언제나 중심을 보았고 자세와 태도를 보았다. 보이는 면보다 보이지 않는 내적인 것을 더 중요하게 생각하셨다. 반면에 서기관과 바리새인들은 사람을 외적인 것에 치중했다. 신분과 배경과 민족과 소유 등에 더 가치를 두고 사람들을 대했다.

예수님은 외적인 부분보다는 사람의 내적인 면을 보면서 사람을 대하셨다. 어린아이라도 금하지 않고 인격으로 대한 주님의 생각은 바로 이런 차이에서 비롯된 것이다. 오늘도 주님의 생각을 가진다면 나의 삶에 엄청난 변화가 일어날 것이다.

주님이 사셨던 공생애 3년을 묵상한다면 지금 우리가 살아가는 삶의 방향이 잡히게 될 것이다. 문제는 크리스천들이 이런 생각에 무디어져 종종 잊어버릴 때가 있다. 어쩌다 한 번 이런 생각을 하면 안 된다. 매일 삶이 이런 생각으로 전환되어야 한다. 일을 처리할 때 잠시 멈추어 주님의 생각을 갖는 것을 나의 습관으로 자리 잡는다면 큰 위력을 발휘하게 될 것이다.

"예수님이라면 어떻게 생각하셨을까?"는 크리스천이라면 늘 생각해야 하는 일이다. 매일 이런 습관을 들이는 것은 크리스천의 삶을 풍요롭게 하고 신앙의 진수를 맛보는데 좋은 지침이 된다. 행동하기 전에 한 번 더 주님의 생각을 물어 보고 그런 생각으로 삶을 살자. 우리 교회와 크리스천의 삶은 엄청나게 달라질 것이다. 성경을 읽고 기도하는 목적도 결국은 주님의 생각을 깨닫고 그 생각을 실천하기 위함이 아닐까? 혹시 나의 생각이 마귀의 생각은 아닌지 늘 점검해 보자.

영감과 착상이 떠오를 때
즉시 메모하라

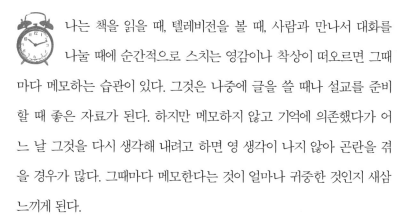 나는 책을 읽을 때, 텔레비전을 볼 때, 사람과 만나서 대화를 나눌 때에 순간적으로 스치는 영감이나 착상이 떠오르면 그때마다 메모하는 습관이 있다. 그것은 나중에 글을 쓸 때나 설교를 준비할 때 좋은 자료가 된다. 하지만 메모하지 않고 기억에 의존했다가 어느 날 그것을 다시 생각해 내려고 하면 영 생각이 나지 않아 곤란을 겪을 경우가 많다. 그때마다 메모한다는 것이 얼마나 귀중한 것인지 새삼 느끼게 된다.

이것은 나뿐 아니라 모든 사람에게 동일하게 해당된다. 사람의 기억력은 한계가 있다. 그러나 간단한 제목만 메모를 해도 금방 생각이 떠오르게 된다. 무엇을 하든지 착상이 중요하다. 그것이 잡히지 않으면 아무것도 할 수 없다. 하루 종일 끙끙대며 책을 뒤척이면서 생각하는

것이 좋은 착상과 영감이다.

때로는 그것을 달라고 기도를 한다. 영감이 떠오르지 않으면 더 이상 작업을 진전시킬 수 없다. 한 번의 영감은 세상을 바꾼다. 그런데 그것은 순간적이다. 그때를 놓치면 영영 생각이 안 날 수도 있다. 이런 면에서 떠오르는 영감과 착상을 메모한다는 것은 아주 중요한 습관이다.

포스트 잇이나 작은 수첩 등을 사용해서 생각나는 아이디어를 적어 놓으면 나중에 좋은 자료가 된다. 메모하는 습관을 길들이기 위해서는 평소에 메모지나 수첩 그리고 필기도구를 늘 가지고 다니는 생활습관이 우선이다. 차 안에나, 책상이나 식탁, 탁자 위에 메모지를 두는 습관을 길들이자. 그렇게 되면 떠오르는 착상을 놓치지 않고 메모하면서 나중에 목적하는 바를 이루는데 귀한 지침이 된다.

크리스천은 매 주일 예배를 드리면서 설교를 듣는다. 성경을 읽거나 성경을 공부하기도 한다. 이때 떠오르는 착상을 메모지에 기록해도 좋다. 사실 메모지에 기록하기 위해서는 평소에 생각하는 습관을 가져야 한다. 목적과 비전을 가지고 그것을 이루기 위해서 좋은 방법들을 쉬지 않고 노력하면 언젠가는 좋은 생각이 떠오르게 된다. 작은 생각들이 모여서 위대한 생각이 정리가 된다. 모든 것은 한 번에 이룰 수 없다.

"하나님께서 지으신 모든 것이 선하매 감사함으로 받으면 버릴 것이 없나니"(딤전 4:4)라고 했다. 세상의 모든 것은 하나님이 주신 것이다. 그 속에 진리가 숨어 있다. 감사한 마음으로 사람을 만나고 사물을 대하고 주어진 환경에 적응한다면 우리는 그 속에서 많은 진리를 찾아낼 수 있다. 그때마다 메모하는 습관으로 작은 진리 조각들을 채워 나간다면 풍성한 삶을 살 수 있다.

귀한 진주는 진흙 속에 있다. 그것은 아무에게나 발견되는 것이 아니다. 순간순간 하나님의 은혜가 임할 때가 있다. 그 순간을 놓치지 말고 나의 것으로 삼는 자세가 필요하다. 메모에 대한 아래 몇 가지 사항을 염두에 두면 많은 도움이 될 것이다

첫째, 언제 어디서나 메모하는 습관을 가져라. 머릿속에 생각나면 그 자리에서 기록하는 것이 좋다. 늘 보이는 곳에 메모지와 필기도구를 두어서 생각날 때마다 간단하게 기록하면 좋은 자산이 된다. 특히 휴식을 취할 때 좋은 아이디어가 떠오른다. 기도할 때, 성경을 읽을 때, 반신욕을 할 때, 산책하고 휴식할 때, 잠자리에 들기 전에, 지하철이나 버스를 타고 출퇴근할 때 등 아주 다양하다.

둘째, 중요한 것은 기억하기 쉽게 표시하라. 메모만 하고 덮어두면 아무 소용이 없다. 나중에 그것이 활용되는 것이 중요한데 그것을 위해서 중요한 사항을 간단히 정리하여 벽이나 책상 앞에 붙여 두는 것이 좋다. 그렇게 되면 그것을 통하여 더 많은 내용들이 떠오르게 된다. 사람의 뇌는 놀라우리 만큼 기억력과 상상력이 대단하다. 이것을 안다면 메모하는 것은 뇌를 최대한 사용하는 좋은 방법이다.

셋째, 메모를 재활용 할 수 있도록 간단한 데이타 베이스를 구축하라. 메모한 것을 특징과 주제별로 잘 정리하여 보관해 두면 다시 읽을 때 또 다른 생각이 꼬리를 물게 된다. 이때는 색깔 등을 사용하여 핵심

사항과 중요한 내용을 구분하는 것이 좋다.

지금이라도 메모하는 습관을 생활화 하자. 생각보다 엄청난 자산이 나의 머릿속에 있음을 발견하게 된다. 메모를 하지 않고 그냥 생각만 하게 되면 그 이상 생각이 떠오르지 않지만 메모하면 또 다른 아이디어가 메모를 통하여 꼬리를 문다. 한 번 실천해 보기 바란다.

하루에 30분 이상 독서를 하라

 독서는 우리의 마음에 양식을 저장하는 것과 같다. 사람은 마음에 양식을 저장한 만큼 성장한다. 마음과 생각과 신앙의 용량을 늘리는 가장 좋은 방법이 독서다.

어릴 때부터 시간이 나면 독서하는 습관을 들여 독서 습관이 몸에 배게 하는 것이 좋다. 좋은 책을 선정하여 다양한 독서를 하면 그것이 나중에 큰 자산이 된다. 어릴 때 책을 많이 읽는 아이는 학교 공부가 쉽지만 반면에 그렇지 못한 아이는 학교 공부를 겨우 따라가게 되면서 인생 공부보다 시험 공부에 매달리게 된다.

공부의 기본은 독서다. 얼마나 많은 독서를 했느냐에 따라 공부가 좌우된다. 물론 여기서 공부는 학교 공부만 아닌 인생 공부와 취미와 특기 등 모든 부분에 해당된다.

유대인은 평생 책을 읽고 손에서 책이 떠나지 않는다. 유대인은 책의 민족이다. 그 힘으로 세상을 지배하고 있다. 그들은 옷을 팔아서라도 책을 살 정도로 책을 귀하게 여긴다.

적어도 하루에 30분 이상을 책 읽는 시간에 투자하면 나중에 엄청난 힘을 발휘할 수 있다. 나는 어디를 가든지 책을 가지고 가는 습관이 있다. 이것은 오래 전에 몸에 밴 습관이다. 여행을 가든지, 시내를 나가든지 언제나 가방이나 옷에는 책이 들어 있다. 어떤 때는 읽지 못하고 오는 경우도 있지만 그것과 상관없이 늘 책을 갖고 다닌다. 바쁜 시간 속에서도 자투리 시간을 이용하면 하루면 한 권은 거뜬히 읽는다.

한국인은 책을 읽지 않는 것으로 유명한데 이것은 어릴 때부터 습관이 안 되었기 때문이다. 학창시절에는 책을 읽는 시간보다 시험 준비를 위한 참고서를 많이 읽다 보니 책 읽는 것이 지겨운 일이 되고 만 것이다. 사실 책 읽는 것처럼 즐거운 일은 없다. 좋은 책 한 권을 읽는 것이 수십 명의 사람을 만난 것과 같다.

책에는 그 사람의 중요한 정보가 다 들어 있다. 책을 통해 그 사람이 생각하고 있는 가치관과 중요한 깨달음을 공유한다. 또 책을 읽는다는 것은 거장 한 사람을 만나는 것과 같다. 오늘도 책을 30분 이상 읽는다는 것은 만나고 싶은 위인들과 30분 면담을 갖는 것이다.

책으로만 생각하면 독서가 힘들다. 그러나 책을 통하여 저자와 대화를 나누고 저자의 생각을 들어 보고 저자의 마음을 안다는 것은 흥미로운 일이다. 책을 읽을 때 당장 눈앞에 저자가 있다고 생각하면 책 이상의 것을 얻을 수 있다. 작고한 사람을 직접 만날 수는 없지만 책을 통해서는 만날 수 있다. 만약 재정적인 어려움이 있다면 주변의 도서관을 적극 이용하는 방법 또한 좋은 방법이다.

하루에 30분 동안 책을 읽기 위해서는 평상시 책을 가까이 두는 습관이 먼저 선행되어야 한다. 한 권이 아닌 적어도 몇 권의 책들이 주변에 자리 잡고 있어야 한다. 책을 잘 읽지 못하는 이유는 주변에 책이 없기 때문이다. 일단 환경이 중요하다. 책과 자주 접하는 시간을 갖기 위해서는 책과 먼저 친하게 지내는 것이 우선이다. 아이들이 책을 좋아하기 위해서는 먼저 책과 놀아야 하고 책과 친하게 되는 환경을 부모가 만들어 주어야 한다. 이것은 아이들뿐만 아니라 어른들에게도 똑같다.

책 중에 책은 성경이다. 어떤 책보다 성경은 우리의 영혼을 맑게 한다. 인생의 지혜를 제공한다. 성경을 읽기 위해서는 성경을 가능한 여러 권을 집안에 비치해 두면 좋다. 화장실에도, 식탁에도, 책상에도, 차 안에도 성경을 두도록 하자.

책을 보다 보면 자연히 마음도 움직인다. 눈에서 멀어지면 마음도 멀어진다는 속담이 있지 않은가. 가능한 자주 눈에 보이도록 책을 가깝게 두자. 그리고 30분 정도는 책을 읽는 습관을 붙이자. 일 년이면 엄청난 독서량이 된다. 물론 처음은 쉽지 않을 것이다. 인생의 목표를 정하고 그것을 이루기 위해 계속 배우는 일을 한다면 자연히 책도 읽게 된다. 나에게 하루라도 책을 읽지 않으면 가시가 돋는 일이 일어나면 얼마나 좋을까.

모든 것이 은혜로
된 것임을 기억하라

신약성경의 많은 부분을 기록한 사도 바울은 사도가 되기 전에는 예수를 핍박한 악한 사람이었다. 예수 믿는 사람들을 잡아들이는데 가장 앞장섰던 사람이었다. 그런 그가 다메섹에서 예수님을 만남으로써 인생이 완전히 달라졌다. 하나님은 이런 바울을 놀랍게 사용하셨다. 예수를 핍박했던 사람을 이제는 예수를 전하고 예수를 위해 죽는 사람으로 변화시키셨다.

그에게 하나님은 능력을 주시어 많은 기적을 베푸셨고 수많은 사람들을 회심하게 하셨다. 그를 통하여 많은 제자들이 나왔으며, 그가 전한 복음은 유럽과 아시아를 휩쓸었다. 놀라운 변화다.

이것은 사도행전과 서신서들을 읽어 보면 반복하여 나오는 내용이다. 바울이 이렇게 놀라운 변화를 이룬 핵심은 무엇인가? 그것은 복음을 받아들이고 복음의 사람이 된 덕분이다. 복음으로 변화된 바울은 이렇게 고백했다. '나의 나 된 것은 오직 하나님의 은혜'라고 말했다. 이 얼마나 놀라운 고백인가?

이것은 모든 크리스천들이 꿈꾸는 고백이다. 인생을 마치면서 할 수 있는 한마디가 있다면 모든 것은 하나님의 은혜라고 찬양하면서 숨을 거두는 일이다. 이렇게 살았다면 그는 성공적인 삶을 산 것이다.

사람들은 모든 것을 자기가 한 것으로 말하면서 자기를 자랑한다. 그러나 크리스천은 모든 것이 하나님의 은혜로 된 것이라고 말해야 한다. 이것이 진실로 고백되기까지는 많은 시간이 필요하다. 그것은 자기를 죽이는 시간이기 때문이다. 그것은 자기가 철저히 낮아지고 죽어질 때 나오는 고백이다.

그런 은혜의 삶을 살기 위해서는 매 순간 하나님의 은혜로 된 것임을 인식하고 그것을 찬양하며 살아가는 것이 필요하다. 생각해 보라. 하루가 시작되는 것은 나의 노력으로 되지 않는다. 내가 눈을 뜨고 싶다고 해서 아침에 눈이 뜨이는 것이 아니다. 하나님이 눈을 뜨게 해주셨기에 하루가 시작된 것이다. 이런 하나님 은혜를 안다면 하루생활이 즐거울 수밖에 없다.

건강하다는 것 하나만으로도 즐거운 하루가 될 수 있다. 세상에는 건강을 잃고 고생하면서 오직 하나 소원으로 건강하기를 꿈꾸는 사람들이 얼마나 많은가. 우리가 보기에는 소박한 아주 작은 것이지만 그들에게는 인생에서 가장 큰 소원이다. 그런데 대다수 사람들은 그들이 그렇게 바라고 소원하는 것을 이미 갖고 살아간다. 그러면서도 하나님의 은혜를 모른다.

예수를 믿기 전과 예수를 믿은 이후에 달라진 점이 있다면 그것은 무엇일까? 그것은 모든 것이 하나님의 은혜로 된다는 것을 아는 일이다. 믿음이 더 깊어진다는 것은 하나님 은혜를 깊게 체험하면서 하나님 마음으로 하루를 살아가는 것을 말한다. 모든 것을 하나님의 은혜로 느끼기까지는 많은 고난과 연단이 필요하다. 어쩌면 하루하루 살아가는 수고로운 인생길은 길게 보면 이런 하나님의 은혜를 깨닫기 위한 과정이 아닐까?

모든 것이 하나님의 은혜라고 생각하며 사람을 만나고 하루의 일과를 시작한다면 힘이 난다. 햇빛만 봐도 감사하며 시원한 바람을 쐬는 것만 해도 감격의 눈물이 난다. 나는 이런 은혜를 얼마나 경험하면서 살아가는가? 이것은 많이 가진다고 이루어지는 것이 아니다. 그렇게 생각하며 감사를 한다면 평생 할 수 없을 것이다.

오늘 당장 실천할 수 있다. 생각을 바꾸어 모든 것을 하나님의 은혜로 기억하자. 갑자기 힘이 솟게 된다. 매일 생각을 은혜 모드로 바꿔라. 내가 한 것으로 하면 피곤하지만 모든 것을 하나님이 주신 은혜로 생각하면 즐겁다.

만나는 사람들이 사랑스럽고 하루가 행복하다. 모든 것이 은혜로 된 것임을 기억하며 감사하는 것도 좋은 습관 중에 하나다. 깊게 은혜를 묵상하라. 여기엔 누구도 예외가 없다. 어차피 이 세상에 나온 것 자체가 은혜로 나온 것이다. 그리고 주님이 부르시는 은혜의 시간에 세상을 마칠 것이다.

"보라 지금은 은혜 받을 만한 때요 보라 지금은 구원의 날이로다"
(고후 6:2)

하나님이 주신 성공의 꿈을
날마다 그려 보라

크리스천은 세상에서 누구인가? 한마디로 하면 이미 성공한 사람이라고 말할 수 있다. 그렇다고 해서 크리스천은 더 이상 성공을 위해서 해야 할 일이 없다는 의미로 이해하면 곤란하다. 이것은 아무 일도 하지 말라는 의미가 아니다. 크리스천은 자기의 양식을 위해서 열심히 수고하고 살아야 한다. 이것이 하나님의 명령이다.

크리스천의 성공과 세상의 성공은 다르다. 크리스천의 성공은 이미 이룬 성공을 우리가 경험하는 의미에서의 성공이다. 주님이 주신 성공을 믿음으로 체험하고 확인하는 것이다. 그것을 세상에서 증거하는 것이다. 크리스천의 수고는 얻지 못한 성공을 탈취하기 위한 수고라기보다는 이미 주신 성공을 나누어 주고 전하는 성공이다. 세상의 성공과는 근본적인 차이가 있다.

크리스천은 모두가 성공자이다. 그리스도를 믿는 순간 모두가 성공자가 된다. 누구도 세상 속에서 실패자가 아니다. 세상 사람들은 열심히 수고하여 성공을 이루지만 그것은 엄밀히 보면 실패다. 그러나 이런 성공을 성공이라고 말하면서 살아가는 세상 사람들이 많다.

명문 대학과 외국 유학까지 다녀와서 좋은 직장에 높은 지위까지 올라가 성공한 사람이라고 생각했던 사람이 업무 스트레스와 우울증으로 자살하는 모습을 우리는 종종 본다. 세상의 성공이 무엇인지 다시 한 번 생각하게 하는 대목이다. 인간의 힘으로 노력하는 성공은 한계점이 있고 만족이 없다. 거기에는 성공이 없다.

그런데도 세상 사람들은 성공을 위해서 노력하며 애를 쓴다. 성공을 위해서 달려가지만 목표 지점은 없다. 어디까지 성공하면 진정한 성공인가 하고 물으면 아무도 대답을 하지 못한다. 인간의 욕심은 한정이 없기에 어느 누구도 나는 성공을 했다고 감히 말할 수 없다. 이것이 세상 사람들이 추구하는 성공이다. 이런 성공은 솔로몬의 말대로 헛된 것이다. 세상의 모든 성공을 다 가져보고 누려 보았던 솔로몬의 마지막 고백은 '헛되고 헛되다'라는 것이었다. 세상의 모든 것은 바람잡는 일이요, 다 지나가는 것이다.

거듭말하지만 크리스천은 이미 그리스도를 통해서 성공을 이룬 사람들이다. 하나님은 그리스도의 십자가를 통해서 우리에게 주실 모든 것을 다 주셨다. 더 이상 주실 것이 없다. 우리가 받은 하나님의 사랑은 이렇게 완벽한 것이다. 그 은혜로 우리는 천국에 이르게 되었다. 이미 보장된 천국의 삶보다 더 좋은 성공은 없다. 세상에서 성공은 모두 사라지고 마는 것이기에 그것으로 성공을 논하는 것은 의미가 없다. 진정한 성공은 사라지지 않는 것이다. 영원히 남는 것이다.

크리스천은 이미 이런 성공을 하나님으로부터 모두 받았다. 오늘 이렇게 죽었다 해도 누구 못지않게 행복하다. 이래도 우리는 더 성공을 얻어야 하는가? 그렇지 않다.

그렇다면 답은 간단하다. 이미 주신 하나님의 성공을 그리면서 세상에서 성공자로 살아가는 것이 성공적인 크리스천의 삶이다. 이것은 수명과 소유와 명예와 상관없이 주어지는 것이다. 세상의 성공 잣대로 그리스도의 성공을 평가하지 말고 이미 주신 하나님의 은혜를 그려 보자. 그리고 받은바 은혜대로 주어진 일 속에서 합당하게 살아가자. 그것이 곧 하나님이 원하시는 성공이다.

"너희가 부르심을 받은 일에 합당하게 행하라" (엡 4:1)

방법은 꼭 있다고 생각하고
하나님께 지혜를 구하라

 어느 마을에서 한 아이가 죽은 채 발견되었다. 범인으로 지목된 한 사람이 있었다. 그는 체포되었다. 그리고 1심에서 사형을 선고받았다. 감옥에 들어간 후에서야 그는 희생양이 되었다는 사실을 알았으며, 더 이상 변호의 기회가 없다는 사실을 깨달았다. 그래서 그는 딱 한 번만이라도 좋으니 랍비를 만나게 해달라고 간청했다. 죽음이라는 운명 앞에서 그는 절망하며 랍비를 만났다.

"랍비님, 어떻게 살 방법이 없을까요? 너무나 억울합니다."

랍비는 그 청년을 안심시키며 말했다.

"방법이 없다고 포기하지 말아요. 하나님이 도와주실 것입니다. 끝까지 포기하지 말고 방법을 찾으면 방법이 생길 것입니다."

최종 재판날이 다가왔다. 청년은 너무나 억울하다고 말했다. 그러나 증거를 댈 수가 없었다. 판사는 이 판결이 공정한 판결임을 알리는 동시에 피고에게도 결백을 증명할 기회를 주겠다고 한 가지 제안을 했다.

"피고는 신앙을 갖고 있으니 나는 하나님에게 이 문제를 맡기고자 한다. 하나의 종이에는 '무죄'라고, 다른 종이에는 '유죄'라고 적을 것이다. 피고는 그 중에 하나를 고르면 된다. 그대의 운명은 하나님에게 달려 있다."

이 청년은 판사는 지금 거짓말을 하고 있다고 생각했다. 판사는 두 개의 종이 위에 모두 유죄라고 적어 놓을 것이 뻔했다. 살아날 가능성이 전혀 없었다. 그는 이러나 저러나 무죄라는 종이를 고를 수가 없었다. 그런 종이는 없으니까.

그러나 청년은 포기하지 않고 마음을 정리하며 생각을 짜냈다. 그러자 갑자기 해결책이 생각났다. 그는 하나의 종이를 집어 입에 넣고 꿀꺽 삼켰다. 모든 사람들은 경악했다.

"이게 무슨 짓인가? 그걸 먹어 버리면 자네의 운명을 확인할 수 없지 않은가?"

그는 대답했다.

"간단한 방법이 있습니다. 다른 종이에 적힌 말의 반대되는 것이 저의 운명일테니까요?"

탈무드에 나오는 이야기다. 인생을 살다 보면 도저히 해결이 안 보일 때가 있다. 그래서 중간에 포기하고 그만두고 싶은 마음이 들지만 그렇다고 그만둘 수도 없는 상황이 종종 발생한다. 이런 경우가 적어도 인생살이 중에 몇 번은 만나게 된다. 이때마다 우리는 한 가지 꼭 기억할 사항이 있다. 문제가 생겼다는 것은 곧 방법이 있다는 것이다.

시험관이 문제를 낼 때 답을 알고 문제를 낸다. 문제는 답을 풀기 위해서 존재한다. 인생도 마찬가지다. 어려운 인생의 문제에 직면했을 때 물러서지 말고 문제를 똑바로 쳐다보라. 그리고 계속 질문을 던져 보아라. 그래도 안 되면 하나님께 지혜를 구하라. 포기하지 말고 끝까지 답을 찾으면 길이 보이게 되어 있다. 문제가 해결이 안 되는 것은 지혜가 부족해서이다. 오히려 이런 기회를 부족한 지혜를 터득하는 기회로 삼아라. 그리고 하나님에게 기도하는 습관을 가져라.

"너희 중에 누구든지 지혜가 부족하거든 모든 사람에게 후히 주시고 꾸짖지 아니하시는 하나님께 구하라 그리하면 주시리라 오직 믿음으로 구하고 조금도 의심하지 말라 의심하는 자는 마치 바람에 밀려 요동하는 바다 물결 같으니 이런 사람은 무엇이든지 주께 얻기를 생각하지 말라"(약 1:5-6)

믿음을 가지고 하나님께 구하면 문제의 해결을 주실 것이다. 포기하지 말고 끝까지 하나님께 매달려라. 그러면 기적은 일어난다. 다음과 같이 외치면서 기도하는 것도 도움이 될 것이다.

"방법을 찾아라. 있을 것이다 그 방법을…… 주여 나에게 지혜를 주셔서 문제를 해결하게 하소서"

그냥 생각하지 말고 기도하면서 생각하라. 주님과 대화를 나누면서 주님에게 자문을 구하면 성령님께서 기억나게 하시고 생각나게 하실 것이다. 생각지 못한 놀라운 방법으로 문제를 풀어 주실 것이다.

중요한 것은 믿음이다. 두 마음을 품지 말고 어려울수록 단순하게, 처음 마음으로, 근본부터 다시 시작하라. 그러면 생각보다 쉽게 해결이 될 수 있다. 마음을 평안하게 가지면 문제가 쉽게 보이는 법이다. 그러나 마음이 불안하고 욕심을 가지면 문제는 더욱 더 꼬이게 된다는 사실을 잊지 마라. 구하고 찾으라. 구하면 열리고 찾으면 찾을 것이다.

오늘이 마지막이라고 생각하며
하루 최선을 다하라

사람이 태어날 때는 순서적으로 오지만 죽을 때는 순서와 상관없다. 사람은 태어난 순간부터 죽기 시작한다. 마지막 죽음의 역을 향해 인생기차가 달려가고 있다.

우리 주위에는 갑자기 죽음을 맞이한 사람들이 많다. 필자도 얼마 전에 함께 신학교에 다니는 한편 가까운 곳에서 목회를 하며 서로 오갔던 친구 목사를 먼저 하늘나라에 보내는 슬픔이 있었다. 물론 천국에 간 것으로 생각하면 감사한 일이지만, 그래도 인간적인 아쉬움과 슬픔이 있었던 것은 사실이다.

조금 더 살 수 있었는데……. 너무 빠르다는 생각을 하면 아쉽지만 그러나 하나님의 뜻으로 생각하면 그대로 받아들이는 것이 지혜일 것이다. 하나님을 위해 사역하다가 간 친구를 생각하면서 자연스럽게 나의 죽음도 생각을 해보게 된다.

필자도 최근에 한 번 죽음을 경험했던 적이 있었다. 차가 전복이 되어 죽음 직전에서 기적적으로 살아난 그때를 생각하면 아찔하다. 차가 완전히 망가졌지만 그 속에서 털끝하나 상하지 않고 무사하게 살아날 수 있었던 것은 전적으로 주님의 은혜다. 이렇게 보면 지금 사는 것은 덤으로 사는 인생이다. 오늘이 마지막일 수 있다는 생각이 잊혀져 갈 때면, 종종 그때 아찔했던 순간을 생각하면서 다시금 생각을 고칠 때가 있다. 하루 사는 것이 그저 감사할 뿐이다.

내일이 있다고 생각하면 오늘은 최선을 다하지 않게 된다. 우리는 수없이 그런 생각을 하면서 살아간다. 여전히 내일이 나에게 존재할 것이라고 생각을 하면서 우리는 편안하게 잠자리에 든다. 그러나 꼭 그런 것은 아니다. 오늘이 나의 마지막 시간이 될 수 있다. 이런 가능성을 생각하면서 살아간다면 오늘을 사랑의 날로 만들 수 있을 것이다. 가능한 본질적인 일에 투자를 하게 될 것이다.

천국이 있는 크리스천에게 마지막은 오히려 희망이다. 크리스천에게 죽음은 절망이 아니다. 세상 사람들은 가능한 죽음 이야기를 하지 않으려 한다. 닥칠 때 닥치더라도 굳이 미리 생각할 필요가 없다는 생각으로 살아가는 사람이 많다.

하지만 그렇지 않다. 인간에게 죽음이 필연적인 것이라면 미리부터 죽음에 대한 생각을 정리해야 하지 않을까. 오히려 그것이 삶을 평안하게 사는 길이 아닐까. 살고 죽는 것은 전적으로 하나님의 손에 달려 있다.

아무리 더 살려고 해도 죽는 사람이 있고, 죽으려고 해도 죽지 않는 사람이 있다.

오늘이 마지막이라고 생각하면 하루의 괴로움은 그날에 족하다. 내일은 하나님이 나에게 주어질 때 존재하는 시간이다. 이렇게 생각하면 가장 현명한 사람은 오늘을 마지막이라고 보면서 하루에 최선을 다하는 삶을 살 것이다. 물론 미래를 계획하고 준비하는 것도 필요하지만 아울러 오늘이 마지막이라고 생각하면서 하루에 최선을 다하는 것도 중요하다.

사랑해야 할 사람을 사랑하지 못하고 마냥 미워하다가 죽는다면 이것처럼 안타까운 일은 없다. 죽음 앞에서는 그림을 그리듯이 하루라는 그림을 그리며 살아가야 한다. 그렇게 되면 오늘 하루가 가치있고 감사하게 느껴져 가장 중요한 일에 자기의 시간과 물질을 투자하게 될 것이다.

오늘 만난 사람이, 오늘 가지는 모임이, 오늘 하루의 일과가 나에게는 가장 소중한 것들이다. 그것에 최선을 다하며 하루를 마친다면 그것이 곧 성공이다. 문제는 이것을 얼마나 믿고 순종하느냐에 달려 있다.

이것을 나의 습관으로 만들어 보자. 우리가 사는 시간은 생각처럼 많지 않다. 인생은 주어진 시간을 얼마나 가치 있고 보람되게 사는가에 따라 행복이 결정된다. 단 얼마를 살아도 의미 있게 살기 위해서는 매 순간 최선을 다하는 삶이 필요하다. 설사 괴로운 하루살이라 할지라도 그날에 최선을 다하며 사는 것이 우리가 해야 할 일이다.

크리스천은 이미 천국을 소유한 자이기에 오늘 어떤 일이 닥친다 해도 그것은 하나님 앞에서 삶이다. 그렇게 살아간다면 오늘 하루는 매우 의미 있는 삶이 될 수 있다.

"그러므로 내일 일을 위하여 염려하지 말라 내일 일은 내일이 염려할 것이요 한 날의 괴로움은 그 날로 족하니라" (마 6:34)

하나님을 아는 지식이
최고라는 생각을 가져라

하나님을 경외하는 것이 지식의 근본이다. 왜 그런가? 세상의 모든 것은 하나님의 말씀으로 창조되었기 때문이다. 하나님이 없으면 세상은 아무것도 없는 것이 된다. 하나님이 있음으로써 세상의 모든 것이 의미를 갖게 되는 것이다.

고대 철학가들은 세상의 시작을 물, 불, 흙, 공기, 원자라고 말한다. 하지만 그것은 하나님을 모르는데서 나오는 가설이다. 물, 공기, 흙과 같은 자연이 모든 것의 시작이라고 보는 것은 상식적으로 이해가 안 된다. 때문에 사람들은 자연을 신으로 보기도 한다. 그들은 하나님의 창조를 믿지 않기에 궁색한 가설을 내놓을 수밖에 없다.

반면에 크리스천은 세상의 모든 것을 하나님이 창조했다고 믿는다. 그렇기 때문에 하나님을 아는 지식이 최고라는 생각을 가지는 것은 말할 필요도 없거니와 하나님을 아는데 시간을 투자하고 최선을 다해야 하는 것 또한 당연한 것이다.

하나님의 지식에서 세상의 지식을 배우고 그것에서 적용하는 법을 터득한다면 이보다 더 좋은 공부 방법은 없다. 그러나 사람들은 실제로 그렇게 하지 못한다.

필자가 부모님들을 만나면 늘 하는 이야기가 있다.

"자녀들 마음속으로 다른 세상의 지식이 들어오기 전에 먼저 아이를 성경으로 키워야 합니다."

이에 대해 부모들은 이렇게 대답한다.

"그래도 세상 지식이 없으면 살아가기 힘들지 않아요?"

부모들은 성경을 먼저 가르치면 '세상에서 뒤쳐지지 않을까.' 하는 불안감이 늘 있다. 그것은 성경에 대한 믿음이 부족했기 때문이다. 아직 성경의 진정한 가치를 모르기 때문이다.

유대인들은 교육으로 유명한 민족이다. 지금까지 노벨상을 석권한 민족이다. 유대인들의 교육의 비결은 간단하다. 성경을 어릴 때 철저히 가르친다. 6살 이전까지는 성경을 많이 읽어준다. 글자를 아는 6살 때는 본격적으로 성경을 배운다. 13살까지는 미쉬나(성경 주석)를 공부하고 15살부터는 탈무드를 공부한다. 적어도 15세까지는 성경과 성경과 관련된 내용을 공부한다.

이렇게 하면 '세상에서 뒤쳐지지 않을까.' 하는 의문이 든다. 그러나 실제로 유대인들은 대학에 가서 탁월한 능력을 발휘한다. 미국의 아이비리그 학교에 유대인의 비율이 가장 높다. 서서히 능력을 발휘하게 된다. 왜 그런가? 기초가 튼튼했기 때문이다. 성경으로 기초를 다지고 그 위에 다른 학문들을 세우면서 적용해 나갔기 때문이다. 하나님을 아는 지식이 최고임을 그들은 증명해 내고 있다.

오늘 우리도 하나님을 아는 지식을 배우는데 힘써야 할 것이다. 성경 안에 세상의 모든 것이 다 들어 있다. 세상의 학문은 성경의 내용을 풀어내는 것이다. 그렇다면 하나님을 아는 일이 매일의 습관이 되는 것은 모든 것을 정복하는 비결이다. 이것을 깨닫는 것이 쉽지 않지만 언젠가 이 비밀을 안다면 놀라운 힘을 발휘할 것이다.

우리 학교도 이런 원리가 적용되면 얼마나 좋을까? 인생의 기초를 세우고 싶은가? 성경을 통해 하나님을 아는 지식을 먼저 가득 채워라. 그러면 그 말씀이 우리를 세우고 살려낼 것이다. 매일 하나님을 아는 일에 시간을 내어서 습관을 들여 보자. 가능한 한 어릴 때 이런 습관을 들인다면 이보다 좋은 일은 없다. 가정에서부터 시작해 보자. 놀라운 하나님의 축복이 임하게 될 것이다.

"또한 모든 것을 해로 여김은 내 주 그리스도 예수를 아는 지식이 가장 고상하기 때문이라 내가 그를 위하여 모든 것을 잃어버리고 배설물로 여김은 그리스도를 얻고 그 안에서 발견되려 함이니" (빌 3:8-9)

모든 것을 긍정적으로 생각하라

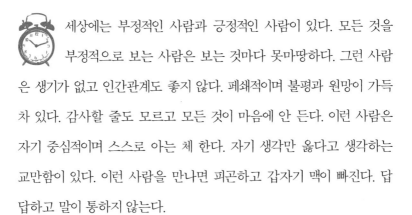세상에는 부정적인 사람과 긍정적인 사람이 있다. 모든 것을 부정적으로 보는 사람은 보는 것마다 못마땅하다. 그런 사람은 생기가 없고 인간관계도 좋지 않다. 폐쇄적이며 불평과 원망이 가득차 있다. 감사할 줄도 모르고 모든 것이 마음에 안 든다. 이런 사람은 자기 중심적이며 스스로 아는 체 한다. 자기 생각만 옳다고 생각하는 교만함이 있다. 이런 사람을 만나면 피곤하고 갑자기 맥이 빠진다. 답답하고 말이 통하지 않는다.

믿음을 가지지 못한 사람들의 유형을 보면 이런 사람이 많다. 그것이 그들로 하여금 믿음을 가지지 못하게 하는 요인이 된다. 교회와 크리스천을 바라볼 때도 그들은 늘 부정적이다. 긍정적인 면이 많이 있음에도 그들은 부정적인 면만 부각시키고 그것이 곧 기독교의 모습이며 교회인

것처럼 생각을 한다. 보이는 몇 가지 일로써 모든 것을 판단하려 한다.

사람은 장점과 단점이 공존한다. 단점을 보기 시작하면 한도 끝도 없다. 하지만 강점을 찾으면 오히려 단점보다 더 많다. 그런데 이상하게도 우리는 단점에 더 눈이 간다. 왜 그런가? 그것은 자기가 강하기 때문이다. 모든 것을 전체가 아닌 부분적으로 보려는 인간의 악함 때문이다. 그것이 전부가 아님에도 전부라고 단정을 짓는 것은 스스로 위험에 빠지게 하는 행동이다.

"종종 사람들은 교회가 세상에 대해서 하는 일이 무엇인가?"라고 항변을 하지만 실제는 우리나라 복지와 소외된 이웃을 살피는 일은 기독교가 대부분을 차지한다. 종교별 사회복지 사업 관련 법인 현황을 보면 전체 372개 법인 가운데 기독교가 194개로 절반 이상인 52.2%를 차지하고 있다. 이어 불교 104개(28.0%), 가톨릭 58개(15.6%), 원불교 14개(3.8%) 등이다.

전국 종합사회복지관도 전체 414개 중 기독교가 188개(45.4%)로 가장 많았다. 이 가운데 기독교가 직접 설립해 운영하는 곳은 92개, 위탁 운영하는 곳은 96개로 조사됐다. 노숙인 복지시설의 경우 종교 관련 86개 시설 가운데 기독교가 62.8%인 54개에 달했다. 불교와 가톨릭은 각각 8개, 5개였다.

한국교회의 섬김은 교육 분야에서도 두드러진다. 지난해 한국교회봉사단이 시행한 전국 지역아동센터 실태 조사에 따르면 전체 3,013개 중 1,601개(53.1%)를 기독교가 운영하는 것으로 파악됐다. 기독교 운영 사학이 초등, 중등, 고등학교 각각 24개, 97개, 138개로 모두 259개로 집계됐다. 종교 법인이 운영하는 사립학교 361개의 71.7%에 해당한다.

하나님은 세상을 만드시고 보시기에 좋았다고 했다. 하지만 인간의 죄로 인하여 세상은 타락했다. 하나님은 타락된 세상을 부정적으로 보지 않고 사랑으로 다시 회복하셨다. 그리스도를 통하여 새로운 피조물로 만드셨다. 하나님은 세상과 인간을 볼 때 늘 긍정적이시다. 우리도 하나님의 눈으로 세상을 보면 긍정적이 될 수 있다. 사랑의 눈으로 보면 잘못된 것도 긍정적인 형태로 나타난다.

오늘의 실패가 나중에 성공의 기초가 된다. 지금 당장의 성과와 결실을 보지 말고 길게 본다면 우리의 시야가 긍정적으로 바뀔 것이다. 또 눈에 보이는 몇 가지 현상으로만 판단하지 말고 내가 보지 못하는 수많은 내용들이 있음을 겸손하게 인정하면 함부로 판단하는 우를 범하지 않을 것이다.

어떤가? 오늘 하루 생활을 긍정적으로 살고 싶은가? 부정적으로 살고 싶은가? 하나님이 죄 많은 세상을 긍정적으로 바라본다면 하나님의 자녀가 된 크리스천들은 당연히 긍정적으로 바라보아야 하지 않을까?

늘 배우며 겸손한 마음을 가져라

 공부를 많이 하는 사람의 특징은 겸손이다. 누가 배우는가? 자기가 부족하다고 생각하는 사람이다. 그런 사람은 배우기를 그치지 않는다. 무식하면 실수하고 죄를 짓는다. 어설프게 배우면 그것이 사람을 힘들게 한다. 우리는 평생 동안 배우면서 살아야 한다.

크리스천들이 왜 성경을 늘 읽고 기도하며 살아가는가? 그것은 자기의 부족함을 알기 때문이다. 하나님 앞에 서면 우리는 아주 작아 보인다. 가까이 가면 갈수록 더 작아 보이는 것이 인간이다. 크리스천과 세상 사람들의 다른 점은 무엇인가? 그것은 겸손하냐, 겸손하지 않냐의 차이다. 겸손하지 않으면 그 사람은 크리스천이 아니다.

겸손도 습관이다. 늘 자기가 부족하다는 생각을 가지고 배우려는 자세를 가진다면 어린아이에게서도 배울 점이 있다. 이런 사람은 사람을 차별하지 않는다. 외모로도 사람을 평가하지 않는다. 상대방을 존중하고 인격적으로 대한다.

사람은 누구에게나 배울 점이 있다. 그러나 자기가 모든 것을 안다고 생각하는 사람은 다른 사람을 배려하거나 존중하지 않고 무시한다. 조금 배웠다고 하는 사람이나 지위와 부를 가진 사람에게서 나타나는 보통 현상은 교만하다는 것이다. 이것은 치명적인 병이다. 결국 그것이 자신을 패망하게 만든다. 이것은 역사적으로 반복되는 교훈이다. 그럼에도 그것을 깨닫지 못하는 사람들이 많이 있다.

하나님은 겸손한 자를 좋아하신다. 그런 사람을 가까이 하시고 축복하신다. 교만한 사람은 하나님이 축복하시지 않는다. 잠시적인 물질과 세상의 복을 받는 것을 하나님의 복으로 착각하면 안 된다. 오히려 그것이 자기를 옭아매는 올무가 될 수 있다.

성경에 보면 부자와 나사로 비유가 나온다. 부자는 얼마나 교만한가? 결국 그런 사람의 말로는 비참하고 죽은 이후에 모습은 더욱 불쌍하다. 우리는 이런 사람이 되면 안 된다.

크리스천은 늘 겸손함을 유지해야 하고 그런 생각에서 멀어지면 안 된다. 사단은 우리로 하여금 스스로 교만하게 부추긴다. 사단이 아담과 하와를 유혹한 것처럼 인간을 하나님처럼 되게 하는 교만의 술수가 오늘도 우리를 괴롭힌다.

자기 자랑이 습관이 되면 안 된다. 이것은 모든 인간이 조심해야 할

부분이다. 크리스천은 이런 점을 특별히 조심하면서 겸손함을 나의 습관으로 길들이는 것이 지혜로운 방법이다. 나보다 남을 낮게 여기기 위해서는 늘 배우는 자세를 가져야 한다. 배움은 지식에만 있는 것이 아니다. 생활과 사람에게서도 배울 점이 있다. 지식은 부족해도 인간적인 부분에서 보면 배울 점이 많은 사람이 있다는 것이 좋은 예이다.

겸손함을 갖는 것은 그렇게 쉽지 않다. 이것 역시 습관으로 길들여야 한다. 나보다 남을 낮게 여기며 배울 점이 있다고 생각하는 생활 습관이 필요하다. 하나님을 바라보면서 죄인 중에 괴수라고 고백했던 바울과 같은 모습을 그려 보자.

"하나님이 교만한 자를 물리치시고 겸손함 자에게 은혜를 주신다"
(약 4:6)

04

CHAPTER 4 감각과 몸을 위한
좋은 습관

좌로나 우로나 치우치지 말고
네 발을 악에서 떠나게 하라 (잠 4:27)

모든 것을 차단하고 한 가지 감각에 집중하라

하나님은 인간에게 감각을 주셨다. 인간은 감각을 통해 듣고 보고 느낀다. 만약 감각이 병들면 모든 것은 멈추게 된다. 사람에게 감각이 열려 있다는 것만으로도 우리에게는 놀라운 행복이다. 하나님이 주신 감각을 잘 발달시켜서 사용해야 하는데 많은 사람들은 그 가치를 알지 못한다. 그러다가 감각 중에 하나를 잃어버리면 그때서야 감각의 소중함을 뼈저리게 느낀다.

감각을 잘 사용하기 위해서는 평소 습관을 통해 감각 훈련을 하면 좋다. 감각을 훈련하는 중요한 방법은 한 가지 감각에 집중하는 것이다. 다른 감각을 차단하고 한 가지 감각에만 집중하다 보면 인간이 생각하는 이상의 놀라운 힘을 발견하게 되는데 우리 안에 이런 힘이 존재하는지 정말 놀라움을 느낀다.

어릴 때부터 감각 훈련이 안 되면 나중에는 감각이 무디어질 수 있다. 그러므로 자녀들은 어릴 때부터 감각 훈련을 하는 것이 매우 중요하다. 하나님이 주신 감각만 잘 활용해도 우리는 많은 것을 거저 얻을 수 있기 때문이다.

과학자들은 관찰력이 뛰어나다. 눈으로 보는 훈련이 잘되었다. 우리는 사소한 것을 그냥 지나치지만 과학자들은 사소한 것조차 하나도 놓치지 않고 관찰한다. 그런 결과 위대한 발견을 이루어낸다. 똑같이 보아도 보지 못하고 똑같이 들어도 듣지 못하는 것은 왜 그럴까? 그것은 듣고 보는 훈련이 잘 안 되어서 그렇다. 한 가지를 들어도 집중해서 들어야 하는데 우리는 그렇지 못하는 경우가 많다.

보고 듣는 것은 평소 습관에서 비롯된다. 사람들이 말을 잘 들어야 하는데 우리는 그것이 안 된다. 잘 듣지 못하면 실수한다. 모든 감각은 마음과 연결되었다. 또 생각과도 연결되었다. 그래서 감각이 잘 반응하기 위해서는 마음과 생각이 같이 움직여야 한다.

한 곳에 집중하면서 그것을 나의 것으로 받아들이고자 하는 노력이 없으면 들어도 건성으로 듣는다. 들을 때는 듣는 것에, 볼 때는 보는 것에, 행동할 때는 행동하는 것에 집중하면 생각보다 좋은 효과를 올릴 수 있다. 이렇게 되면 몸과 마음이 하나로 되면서 모든 면에서 탁월한 효과를 올릴 수 있다.

좋은 모습을 보도록 하라

세상은 보고 싶은 것이 너무 많다. 특히 사람들은 특별한 것과 신기한 것을 보려고 한다. 하지만 그것들 중에는 악한 것이 많음을 기억해야 한다. 악은 늘 그런 모습으로 우리에게 다가온다.

성경에서는 "악은 모양이라도 버리라"고 했다. 무슨 말인가? 보는 것을 조심해야 한다는 뜻이다. 사람은 보는 것에 따라 달라진다. 무엇을 보는가 하는 것은 우리의 생각과 마음에 지대한 영향을 끼친다. 어릴 때부터 좋지 못한 모습을 보고 자란 아이는 장성하여 악한 행동을 할 가능성이 크다. 그래서 부모는 자녀에게 좋은 것을 보여주기 위해서 노력해야 한다.

우리 주위에는 좋지 못한 모습이 많다. 보아서는 안 될 것들이 얼마나 많은지 모른다. 세상에 사람을 가만히 두면 악하게 되어 있다. 우리가 사는 세상은 하나님이 보시기에 아름다운 모습이 아니다. 타락하여 죄악의 모습이 되었다. 시기와 질투와 욕심과 폭행과 거짓 등은 우리가 세상에서 자주 보는 것들이다.

악한 것은 흉보면서 닮는다고 한다. 악한 것은 자꾸 접하다 보면 우리도 모르게 물든다. 그렇기 때문에 크리스천은 좋지 못한 모습들을 보지 않도록 늘 노력해야 한다. 일단 보는 것을 차단하지 않으면 마음은 한순간에 넘어간다.

하나님이 아담과 하와에게 선악과를 먹지 말라고 했지만 일단 그것을 보는 순간 보암직하고 먹음직하여 그만 따먹고 말았다. 좋은 것을 보면 나도 모르게 손이 간다. 아름다운 모습을 보면 그만 그것에 매료된다. 다윗은 지붕에서 거닐다가 밧세바가 목욕하는 모습을 보았다. 결국 그로 인해 다윗은 치명타를 입었고 살인과 거짓을 서슴없이 저질렀다. 얼마나 보는 것이 무서운지를 보여 주는 좋은 예이다.

현대는 보는 시대다. 무엇이든지 보여 주지 않으면 사람들은 믿지 않으려 한다. 보는 것을 매우 흥미 있어 한다. 보는 것들이 얼마나 발달했는지 모른다. 이제는 핸드폰도 보는 핸드폰으로 바뀌어 가고 있다. 하지만 너무 보는 것에 치중하다 보면 문제가 생길 소지가 많다. 보는 것을 잘 구별하지 못하면 우리는 쉽게 죄악에 빠지게 된다. 우리가 사는 세상이 화려한 모습으로 우리를 유혹하기 때문이다.

수시로 바뀌는 다양한 모습들은 진실을 오도하게 한다. 우상숭배는 보는 것에서 시작된다. 지금 우리는 위험한 시대에 살고 있다. 우리의 눈을 그대로 노출하지 말고 진실한 것만 바라보도록 하고 그런 눈을 길러야 한다. 그럴사하게 포장되고 위장된 화려한 모습에 현혹되지 말고, 보이지 않는 것에 더 가치를 두면서 외모보다는 내면을 보는 눈을 기르는 습관이 필요하다. 좋은 모델을 찾아 그것을 보면서 그것을 닮도록 하자.

"네 눈은 바로 보며 네 눈꺼풀은 네 앞을 곧게 살펴" (잠 4:25)

좋은 말씀을 많이 들어라

 보는 것만큼 중요한 습관이 듣는 습관이다. 인간이 가장 먼저 발달하는 것이 청각이다. 그리고 마지막까지 남는 것도 또한 청각이다.

시각은 시간이 되면 사라진다. 그러나 청각은 오랫동안 남는다. 아이는 태아에서부터 소리를 듣는다. 요즈음 엄마들이 태교에 관심이 많은데 이유는 청각의 중요성을 알기 때문이다.

사람은 무엇을 듣는가에 따라 삶이 달라진다. 칭찬을 듣고 살면 긍정적이고 자신감이 생기지만 꾸중을 들으면 우울해지고 마음에 상처를 입게 된다.

사람은 오늘도 수많은 소리를 듣고 산다. 모든 소리를 다 듣고 살면 안 된다. 들어야 할 소리가 있고 듣지 말아야 할 소리가 있다. 가장 좋은 소리는 하나님의 말씀이다. 사람이 하나님의 말씀을 많이 들으면 마음과 생각이 달라진다.

그래서 시간이 나면 날수록 가능한 말씀을 듣는 것이 좋다. 사람의 행동은 듣는 것에 따라 좌우된다. 좋은 말씀을 들으면서 마음에 선한 것들을 채우면 선한 행동을 하게 된다. 그러나 악한 것을 들으면 악한 행동이 나온다.

유대인들은 쉐마를 중요하게 생각한다. 하나님의 말씀을 듣는 일을 인생에서 가장 중요한 일로 여기며 자녀들에게 쉐마를 반복하여 듣게 한다. 쉐마는 '들으라'는 히브리 말로 신명기 6:4-5에 잘 나타나 있다.

"이스라엘아 들으라 우리 하나님 여호와는 오직 유일한 여호와이시니 너는 마음을 다하고 뜻을 다하고 힘을 다하여 네 하나님 여호와를 사랑하라"

유대인은 이 말을 평생 동안 듣고 산다. 좋은 습관이다. 크리스천도 "하나님과 이웃을 사랑하라"는 말씀을 쉬지 않고 들어야 한다. 그러면 말씀이 마음에 새겨져 자연히 모든 삶이 하나님을 사랑하고 이웃을 사랑하는 것으로 목적을 삼게 된다.

좋은 말씀과 좋은 말을 새겨서 듣도록 좋은 환경을 만드는 것이 절대적이다. 차를 타거나 집안에 있을 때 수시로 찬송가와 설교 말씀, 성경 낭송 테이프를 틀어서 하나님의 말씀을 듣는 습관을 가진다면 우리의 영혼은 맑아질 것이다. 노력하면 좋은 말씀을 들을 수 있는 기회가 많다. 매일 정기적으로 좋은 말씀을 듣는 시간을 가지도록 하고 가능한 한 서로 좋은 말을 하면서 상처를 주지 않도록 하자.

역사 속에서 왕들이 멸망하는 것은 잘 듣지 못해서 생긴 결과다. 아첨하는 간신들의 소리에 귀를 기울이면 한순간에 나라가 패망하게 된다. 귀를 조심하라. 아무것에나 귀를 열지 말고 선과 악을 잘 구분하여 가능한 좋은 것만 듣도록 하자. 버릴 것은 과감하게 버리고 오래 새길 것은 마음속 깊게 새겨서 영혼의 양식을 살찌우자.

남에게 해가 되는
말을 하지 말라

 사람은 살면서 본의 아니게 말 실수를 많이 한다. 말처럼 쉽게 할 수 있는 것도 없다. 사람과의 관계에서 실수하며 악을 행하는 것은 거의 말로 인하여 생긴 것이다. 말하는 것만 조심해도 우리는 지금보다 더 행복해질 수 있다.

말로 사람을 죽이는 것은 무섭다. 인간관계는 말로써 상처를 받는 경우가 많다. 악플로 인해 연예인들이 자살하는 것은 얼마나 말이 무서운지를 알려 주는 좋은 예이다. 사람의 말은 거짓으로 가득차서 어떤 것이 사실인지 알 수 없다.

말은 습관이다. 악한 말, 즉 욕을 하면 입이 거칠어져 나중에는 자연스럽게 욕이 나온다. 그러기에 남에게 상처를 주는 말은 되도록 삼가하고 가능한 한 좋은 말씀을 많이 듣도록 노력해야 한다. 좋은 말씀을 많이 들으면 언어가 순화된다. 말을 고치기 위해서는 좋은 말씀을 많이 듣는 것이 한 방법이다.

"너희는 들을지어다 내가 가장 선한 것을 말하리라 내 입술을 열어 정직을 내리라 내 입은 진리를 말하며 내 입술은 악을 미워하느니라"
(잠 8:6-7)

평소에 선한 말을 하도록 우리의 입을 조심해야 한다. 특히 크리스천의 선한 말은 하나님을 드러내게 된다. 그러나 크리스천의 악한 말은 하나님의 영광을 가리게 된다. 진리를 말하도록 힘쓰자. 남에게 피해가 되는 험담이나 모함을 하는 것은 피하자. 사람들이 모이면 남의 험담을 즐겨하기 쉽다. 그런 일에 내가 참여하는 것은 악한 일에 동참하는 것이다. 사단은 늘 그런 모임을 사용하여 악을 행한다.

하나님이 우리에게 입을 하나 주신 것은 오직 하나만, 즉 진실만 말하려고 한 것이 아닐까? 한 샘에서 어찌 두 가지 물이 나올 수 있는가? 축복과 저주가 한 입에서 나올 수 없다. 지금부터라도 남을 축복하고 영혼을 세워 주는 진실함이 배어 있는 말을 하도록 습관을 들이자. 나의 말을 들으면 남들이 힘을 얻고 꿈을 갖는 그런 말을……

악한 길을 다니지 말라

 하나님이 우리에게 발을 주신 것은 진리의 길을 가기 위함이
다. 하지만 우리는 발을 가지고 가지 말아야 할 곳을 가는 경
우가 많다.

발로 행하는 것도 습관이다. 한번 잘못 길들이면 같은 길을 나도 모
르게 간다. 술집에 익숙한 사람은 퇴근하면 술집으로 향한다. 밤거리를
나가보면 유흥가를 헤매면서 방황하는 사람들이 많이 보인다. 이런 것
들도 알고 보면 오랫동안 습관으로 길들여진 결과다. 그 길은 악의 길
임에도 그들은 그곳에서 발을 빼지 못한다. 어리석은 자들이 행하는 모
습이다.

성경은 말한다.

"사악한 자의 길에 들어가지 말며 악인의 길로 다니지 말지어다 그의 길을 피하고 지나가지 말며 돌이켜 떠나갈지어다"(잠 4:14-15)

"좌로나 우로나 치우치지 말고 네 발을 악에서 떠나게 하라"(잠 4:27)

발을 악에서 떼기 위해서는 사람을 잘 만나야 한다. 누구와 같이 함께 가느냐가 인생에서는 중요하다. 누구와 결혼하며, 누구와 동업하며, 누구와 친구를 하느냐에 인생의 성공과 실패가 달려 있다.

사람은 혼자 살 수 없다. 인생은 누구와 같이 살아야 하는데 문제는 그 사람이 누구인가 하는 것이다. 선한 자와 같이 길을 가면 선한 사람이 되지만, 악한 자와 같이 길을 가면 나도 모르게 악한 사람이 된다. 악한 사람과 함께 있는 것만으로도 나는 이미 악한 자가 된 것이다.

구치소에 가서 재소자들과 성경 공부를 인도하다 보면 늘 느끼는 것이 있다. 거기에 들어온 사람들 대부분은 혼자 죄를 짓는 경우보다 누구와 같이 죄를 짓는 예가 많다. 내가 직접적으로 싸움을 하지 않아도 이미 그 조직에 함께 했다는 것만으로도 큰 죄가 된다. 혼자 죄를 짓는 것보다 함께 죄를 짓는 것은 특정범죄로 죄의 가중치가 더해진다.

오늘 하루를 어디로 향하는가가 중요하다. 크리스천은 오만한 자와 같이 하지 말고, 죄인의 길에 서지 말아야 한다. 그것이 나의 발을 지키는 길이다. 한번 빠지면 거기서 빠져 나오기가 쉽지 않다. 많은 사람들이 범죄의 길에 들어서는 것은 이렇게 잘못된 길을 들어섰기 때문이다.

잘못된 길이라고 판단되면 아예 처음부터 발을 끊는 것이 좋다. 아쉽지만 과감하게 그 길을 멀리하는 것이 나를 살리는 길이다. 수많은 유혹들이 주위에 널려 있다. 대박을 꿈꾸는 그런 초대에 응하지 말고 하나님의 말씀의 길을 가도록 하자. 비록 좁은 길이지만 십자가의 길을 달려가는 삶을 살자. 십자가의 길이 나의 익숙한 길이 되도록 하자.

남의 것에 손대지 말라

사람은 발만큼이나 손도 조심해야 한다. 흔히 손버릇이 나쁘다는 말을 한다. 도적질은 손으로 하는 악한 일이다. 아무리 작은 것이라도 남의 것에 손을 대면 안 된다.

물론 어느 누구라도 남의 것에 손을 대는 것이 나쁜 것인 줄 잘 안다. 하지만 이것이 잘 안 되는 이유는 무엇일까? 그것은 사람의 악한 속성 때문이다. 욕심이 들어가면 그때부터 남의 것이 나의 것으로 보이기 시작하면서 도적질을 하게 된다.

말라기 시대에 이스라엘 백성은 하나님의 것인 십일조를 도적질하여 하나님에게 책망을 받았다. 어떻게 하면 도적질을 하지 않을 수 있는 가? 그것은 모든 것이 하나님으로부터 왔다는 은혜 의식이 있을 때 가능하다. 지금 가진 것이 하나님의 것이 아닌 내 것이라는 생각이 들면 어느 순간에 남의 것도 내 것이 된다. 아담과 하와가 선악과를 먹은 행위는 하나님의 것에 손을 댄 인류 최초의 도적질이다. 이것은 모든 인간에게 도적질의 속성이 들어 있음을 말한다.

그래서 하나님은 십계명에서 "도적질하지 말라"는 계명을 인간에게 주셨다. 이것은 인간이 지켜야 할 중요한 계명이다. 도적질은 인간을 사랑하지 않을 때 나타나는 모습이다. 인간을 사랑하는 방법 중에 하나는 남의 것에 손을 대지 않는 것이다. 이웃 사랑의 결핍은 사람으로 하여금 도적질하게 만든다. 그렇기 때문에 하나님과 이웃을 사랑하면 자연히 도적질은 사라지게 된다.

도적질은 손에 대한 훈련이지만 엄밀히 보면 마음에 해당된다. 사랑의 마음이 사라지고 자기만 사랑하게 되면 도적질은 쉽게 하게 된다. 도적질은 물건뿐 아니라 사람에게도 해당된다. 성폭행도 알고 보면 도적질에 해당된다. 나의 딸처럼 생각하고 사랑한다면 다른 여자를 성폭행하는 일은 결코 일어나지 않는다.

손은 마음의 표현이다. 손을 묶는다고 도적질 습관이 사라지는 것은 아니다. 마음을 새롭게 하고 이웃을 내 몸처럼 사랑해야만 도적질은 사라지게 될 것이다. 주신 것에 만족하고 그 안에서 감사하는 법을 배우자. 우리의 손이 남에게 나누어 주는 손이 된다면 이보다 아름다운 일은 없을 것이다.

웰빙 음식으로
건강한 몸을 만들어라

 우리 몸은 하나님이 주신 것이다. 몸을 잘 관리하고 건강하게 하는 것은 하나님이 기뻐하시는 일이다. 사람의 몸은 흙으로 만들어졌다. 그래서 몸을 건강하게 하기 위해서는 가능한 한 육식이나 가공식품은 적게 먹고 흙에서 나는 것을 많이 먹어야 한다.

하나님이 만드신 식물이야말로 인간에게 주신 최고의 음식이다. 음식이 제 맛이 나지 않아도 좋다. 인간은 더 좋은 맛을 내기 위해서 음식에 첨가물을 넣지만 첨가하지 않은 자연 그대로의 맛이 몸에 좋다. 사람에게 먹는 것은 매우 중요하다. 먹는 것에 따라 건강이 좌우된다. 건강한 몸을 위해서는 특별히 먹는 것에 유의해야 한다. 자연식으로 먹는 것은 창조 질서에도 적합한 음식법이다.

구약에는 음식 규정이 잘 나와 있다. 아무 것이나 먹어서는 안 된다고 규정하고 있다. 음식은 습관이다. 어릴 때부터 먹었던 음식 습관은 평생 간다. 건강을 위해서는 음식 습관을 바르게 해야 한다.

크리스천들에게 도움이 되는 음식에 대한 지침은 다음과 같다. 먼저 아침밥을 먹는 습관이다. 보통 늦잠을 자다 보면 아침을 거르는 경우가 있다. 하지만 그것은 좋은 습관이 아니다. 아침밥은 꼭 먹는 습관을 기르자. 아침밥을 먹는 것은 두뇌활동을 원활하게 할 뿐만 아니라 소화기능을 건강하게 유지하기 위한 좋은 방법이다.

포도당은 뇌의 휘발류 역할을 한다. 아침밥을 먹으면 집중력이 향상되고 공부와 운동에 도움이 된다. 저녁 7시 정도 밥을 먹으면 다음날 아침 7시까지 12시간 동안 포도당 공백이 생긴다. 몸은 잠들어도 뇌는 밤에도 낮과 마찬가지로 일을 하기 때문에 뇌가 배가 고프다. 아침에 일어나면 뇌의 포도당 잔고는 0이 된다. 이것은 아침밥을 왜 먹어야 하는 이유가 된다.

만약 밥을 차려서 먹을 시간이 부족할 경우에는 제철 과일이나 선식 혹은 탄수화물 식단의 음식을 꼭 챙겨 먹는 것도 한 대안이다. 또 규칙적인 식사도 중요하다. 정해진 시간에 식사를 하는 것은 위를 건강하게 만든다. 불규칙하게 식사를 하면 위장병이 생겨서 평생 고생을 한다.

가능한 한 하루 세끼를 먹는 습관이 좋다. 뇌에 하루에 필요한 포도당이 120그램이다. 한 번의 식사로는 간에 글루코겐으로 축적할 수 있는 포도당이 60그램이다. 하루에 두 번 정도를 해서 120그램의 포도당을 채워야 한다. 그러나 심장, 근육 등 몸의 기관을 채우기 위해서는 하루 세끼가 적당하다. 세 번으로 나누어 먹는 것은 간에 저장할 수 있는 글리코겐의 제한된 저장량 때문이다. 간은 한 번에 60그램밖에는 저장을 하지 못한다. 나머지는 체지방으로 축적되어 비만의 주범이 된다.

특히 자기 전에 간식을 먹는 것은 조심해야 한다. 가능한 소식을 하고 늘 1% 부족하게 식사를 하는 습관을 가지면 좋다. 포식을 하면 비만이 생기고 몸에 문제가 발생하기 쉽다.

음식을 먹을 때에는 물을 마시지 않는 것이 좋은 습관이다. 우리는 보통 음식을 먹을 때 물과 같이 먹는데 이렇게 하면 위의 소화능력이 떨어지게 된다. 그러나 식사를 하지 않을 때에는 물을 자주 마시는 것이 좋다. 아침에 일어나서 물을 먹으면 위와 장이 청소되는 효과가 있다. 하루에 적어도 물 11잔 이상을 마시면 몸의 순환이 잘 된다. 이런 것은 알고 있지만 생활에 실천이 잘 안 된다. 그것은 습관이 안 되었기 때문이다. 작은 것부터 음식에 대한 좋은 습관을 정하여 하나씩 실천하도록 하자.

충분한 잠으로
몸의 활력을 얻어라

 성경에 보면 엘리야가 이세벨에게 쫓겨 로뎀나무 밑에서 하나님께 죽기를 구한 예가 있다.

엘리야는 로뎀나무 아래에서 세상 모르게 자고 있었다. 천사가 그를 어루만지면서 "일어나서 먹으라"고 말한다. 엘리야는 일어나 휴식을 취한 후에 다시 하나님의 산 호렙으로 가 사명을 감당한다.

힘들 때는 충분히 잠을 자는 것이 좋다. 육신과 영혼은 함께 연결되어 있다. 어느 하나가 힘들면 다른 것도 영향을 입는다. 영과 육을 이분법적으로 생각하여 어느 하나만 강조하는 것은 바람직하지 않다. 영과 육이 함께 건강해야 한다. 육신을 입고 오신 예수님을 생각하면 알 수 있다. 예수님은 우리에게 주신 육신을 무시해서는 안 된다는 것을 교훈하고 있다.

건강한 몸을 이루기 위해서는 수면의 역할이 중요하다. 수면은 우리 몸을 휴식하게 한다. 잠이 부족하면 몸이 피곤하고 점차 이상이 생긴다. 적절하게 수면을 취하면 건강에 큰 도움이 된다. 일만 하고 휴식이 없다면 우리의 몸은 병들 수밖에 없다.

잠을 적게 자면 일찍 노화가 온다. 하나님이 주신 몸을 너무 가혹하게 혹사시키면 안 된다. 적절하게 휴식을 취해야 한다. 휴식은 잠을 통해 이루어진다. 낮에는 교감신경, 밤에 잠을 자고 있을 때는 부교감 신경이 작용한다. 이 두 개가 균형 있게 작용해 주어야 한다.

수면 중에는 뇌에서 분비되는 멜라토닌이라는 중요한 물질이 나온다. 이것은 수면과 연관된 호르몬으로 밤이 되면 분비가 되고 밝아지면 분비가 억제되는 성징을 가지고 있다. 때문에 밤늦게까지 활동을 하면 멜라토닌의 분비량이 적어 건전한 성장에 방해가 된다.

가능한 잠을 잘 때는 방안을 어두운 상태로 하고 숙면하도록 하자. 침실을 어둡게 하라. 멜라토닌은 어두운 방에 자면 활발하게 분비가 된다. 그러니 전등을 끄고 어두운 곳에서 잠을 청하는 것이 가장 좋은 숙면의 방법이다.

늦게 자고 늦게 일어나면 몸과 마음에 문제가 생긴다. 가능한 규칙적인 시간에 자는 습관을 가져라. 인간의 몸은 그대로 방치하면 생체시계가 24.5시간이 되면서 문제가 생겨 늦게 잠을 자게 된다. 늦잠은 비만을 가져 오는 주범이다. 가능한 규칙적인 시간에 자도록 하자.

잠을 자는 것은 몸을 위해서 중요하다. 좋은 수면 습관을 갖도록 하

자. 예를 들면 반듯하게 누워서 자고, 잠을 자기 전에는 발 마사지를
하고 일어나서는 손바닥을 비벼서 얼굴과 귀를 문질러 주면 좋다. 이것
은 장수하는 사람들이 주로 가지는 간단한 습관인데 잘 적용하면 유
익하다.

운동으로 에너지를 재생산하라

 천재로 알려진 레오나르도 다빈치는 자신만의 건강법을 터득하여 실천했다고 한다. 그는 의사들과는 거리를 두고 의사들이 처방해 주는 약제들은 마약이나 다름없다고 하면서, 그런 약을 먹는 사람은 적절치 못한 행동을 하게 된다고 말했다. 평소 그는 자기가 행하는 몇 가지의 건강 습관이 있었는데 간단히 소개하면 다음과 같다.

> 화를 낸다거나 근심 걱정을 하지 않는다.
> 규칙적인 운동을 한다.
> 먹고 싶을 때에만 음식을 먹는다. 특히 저녁 식사는 간단하게 먹는다.
> 포도주에 물을 조금 혼합하여 마신다.
  물론 식사 도중이나 공복에는 절대로 마시지 않는다.

> 간단하면서도 채식 위주의 식사를 한다.

> 천천히 여러 번 씹는다.

> 소화에 무리가 없도록 신경을 쓴다.

크리스천은 하나님이 주신 몸을 건강하게 만들어서 하나님의 영광을 올리는 일에 힘써야 한다. 영적인 것만 생각하고 몸의 건강을 등한시하는 것은 바람직한 모습이 아니다.

"너희 몸은 너희가 하나님께로부터 받은 바 너희 가운데 계신 성령의 전인 줄을 알지 못하느냐 너희는 너희 자신의 것이 아니라 값으로 산 것이 되었으니 그런즉 너희 몸으로 하나님께 영광을 돌리라"

(고전 6:19-20)

하나님의 일을 하기 위해서는 건강이 뒷받침 되어야 한다. 가벼운 운동을 매일 습관에 따라 하라. 운동은 치매 예방에 도움을 준다. 하지만 무리한 운동은 뇌를 혹사시킨다. 하루 20분씩 빨리 걷는 것이 좋다.

운동 명령은 운동 신경의 중추인 전두엽에서 내려진다. 뇌는 운동을 통해서 자극을 받는다. 근육의 움직임이 클수록 뇌에 대한 자극이 커진다. 근육은 끊임없이 사용하지 않으면 퇴화한다. 이런 점에서 흔들의자를 피하라. 근육은 노인들의 골다공증을 예방한다. 우리 몸에는 600개가 넘는 근육이 있으므로 근육강화 운동을 해야 한다. 이것을 위해서 하루에 30분 이상 운동을 하는 것이 좋다. 30분간 심장 박동수가 움직이도록 운동한다.

운동은 습관으로 자리 잡아야 한다. 하다 말다 하는 것은 오히려 해롭다. 일관성 있게 발전시키는 것이 중요하다. 적어도 일주일에 3-4번 정도는 해야 한다. 매 운동 시간의 간격이 48시간의 간격이 생기지 않도록 한다. 기간이 너무 길면 복귀 하는데 오래 걸린다.

운동은 생활 속에서 습관화되는 것이 좋다. 가장 쉽게 할 수 있는 운동 프로그램은 걷기 운동이다. 팔을 율동적으로 흔들면서 매 다섯 번째 호흡에서 심호흡을 하고 될 수 있는 대로 많이 숨을 내쉰다. 발을 뗄 때마다 발꿈치가 땅에 닿도록 한다. 또 걷기, 달리기, 걷기 운동의 순으로 하는 것이 좋다. 예를 들면 10분 동안 걷는다. 그리고 5분 정도 만족스러운 속도로 달린다. 그리고 8분 정도 다시 느린 속도로 걷는다.

자전거 타기도 좋은 운동이다. 자전거를 탈 때에는 약간 빠르게 타야 동일한 운동 심장 박동수를 산출한다. 수영은 상체 근육이 발달된다. 또 호흡을 증진시키는데 아주 적합한 운동이다. 아침에 일어나서 정좌를 한 자세에서 위, 아래 이빨을 36번 부딪치는 이빨 운동도 실천하면 몸에 좋다.

바른 자세가 건강을 오래 지킨다

몸의 건강에서 자세는 매우 중요하다. 이것 역시 오랜 습관에서 비롯된다. 한번 잘못 몸에 밴 습관은 평생 고생을 하고 병을 가져오는 원인이 된다.

몸의 자세는 모든 면에 영향을 준다. 공부할 때와 말을 할 때도 어떤 자세로 하느냐가 중요하다. 고개를 들고 어깨를 활짝 펴고 등을 꼿꼿이 세우고 엉덩이를 바짝 당기고 배를 집어넣는다. 근육을 긴장시키면 온몸이 뻐근하기에 힘들다. 스트레스가 오면 온몸이 뻐근한 것도 이런 이유 때문이다.

몸이 건강하지 못한 요인 중에 하나는 자세가 나쁘기 때문이다. 자세만 교정해 주어도 몸의 건강은 많이 회복된다. 우리는 그동안 자세를 바르게 훈련하는 법을 제대로 익히지 못했다. 바른 자세는 에너지를 생성해 준다. 자세가 좋으면 우리의 숨겨진 능력까지도 이끌어 준다.

바른 자세를 만들기 위해서는 신체에 600개가 넘는 근육 중에서 5개의 주요 근육이 가슴과 어깨, 목과 머리에 전혀 무리 없이 균형을 이루어 주어야 한다. 이것을 우리의 생활에 익숙하도록 해야 한다. 바른 자세만 가져도 우리의 몸은 놀라운 에너지를 얻게 된다. 가능한 어릴 때부터 이런 습관을 길들이면 좋다.

여기에 바른 자세를 이루기 위한 4가지 방법을 소개한다.

첫째, 고개를 높이 들어라. 예를 들면 컴퓨터나 자동차나 텔레비전을 보거나 책을 읽을 때 고개를 드는 습관이다. 머리가 신체의 동작을 이끌도록 하는 것이 좋다. 고개를 먼저 들고 그것에 따라 손을 뻗고 몸을 돌리도록 해야 한다. 고개를 돌리는 방향으로 자연스럽게 몸이 따라가는 것이 좋다. 우리의 머리 무게는 보통 4-6 킬로그램이다. 목과 어깨와 척추에 스트레스를 주지 않기 위해서는 머리를 편안하게 몸의 중심에 위치해야 한다.

둘째, 목의 균형을 유지하라. 목과 어깨의 긴장을 줄여 주는 가장 효과적인 방법은 전두직근이라 불리는 척추의 가장 위쪽에 있는 작은 근육을 활용하는 것이다. 이 근육을 강화해야 하는데, 그중에 한 방법으로 '머리를 끄덕이는' 습관이다. 전화가 오면 수화기를 귀와 입까지 올려서 받도록 하라. 머리를 숙이고 목을 굽혀서 수화기를 받지 마라. 목과 옆구리에 무리를 주는 귀와 어깨 사이에 수화기를 끼지 않게 하라. 책을 읽을 때도 팔걸이나 받침대를 사용하여 눈높이를 맞추고 조명을 유지하는 것이 좋다.

셋째, 어깨에 힘을 빼고 가슴을 활짝 펴라. 양쪽 어깨에 긴장을 풀고 균형을 맞춘 후에 가슴을 활짝 편다, 이렇게 하면 호흡이 쉽다. 자리에 앉을 때는 양쪽 어깨가 수평을 이루게 하라. 가슴이 활짝 펴진 상태로 가장 균형 있고 편안한 자세를 이룰 수 있다. 가능한 몸을 숙이지 말고 똑바른 자세를 펴고 앉아야 한다.

넷째, 아랫배에 힘을 주어 당기고 등은 곱게 펴라. 우리의 신체에서 배와 허리는 모든 힘이 비롯되는 중추이다. 복근은 에너지를 보관하는 장소다. 복근은 허리를 펴주고 내부조직 균형을 유지하며 허리의 가장 취약한 부분인 골반의 요추각을 안정시켜 준다.

지금이라도 바른 몸의 자세 습관을 가지도록 하자. 하나님이 주신 몸을 잘 관리하는 것은 청지기의 임무다. 하나님이 주신 몸의 원리를 잘 배우고 적용하는 것은 크리스천으로서 마땅한 일이다.

05

05

CHAPTER 5 관계를 위한
좋은 습관

하나님께서 지으신 모든 것이 선하매

감사함으로 받으면 버릴 것이 없나니 (딤전 4:4)

얼굴에 미소를 지으면서
"안녕하십니까?" 하고 먼저 인사하라

사람을 만나면 먼저 인사하는 것이 인간의 기본 습관이다. 이 것은 매일 훈련하면 자연스럽게 습관으로 자리 잡게 된다. 아 주 쉬운 일이지만 어릴 때부터 습관이 안 되면 이것도 어렵다. 누구든지 사람을 만나면 자동으로 먼저 인사를 하는 습관을 길러라. 그것이 성 공 비결이다.

인사하는 것은 기본이다. 이것이 안 되면 아무것도 이룰 수 없다. 사 람과의 관계를 맺는 첫 단추는 인사에서 시작된다. 인사하는 것이 쉽게 보일지 몰라도 습관이 안 되면 생각처럼 쉽지 않다. 주변에 인사를 하는 사람들 가운데에는 건성으로 하는 사람들이 꽤 많다. 이것은 훈련이 안 되어서 그렇다.

인사는 사람과의 첫 만남이다. 첫인상이 매우 중요하다. 인사 하나만 보아도 그 사람의 인격과 삶이 배여난다. 진심을 다해 인사하되 얼굴에 미소를 담고 하라. 인사를 받아서 상대방의 마음이 즐거워야 한다. 그렇지 않으면 오히려 기분이 상할 수 있다. 의례적인 인사가 이것에 해당된다.

인사는 먼저 하라. 사랑도 먼저 하는 사랑이 아름답다. 먼저 베풀고 먼저 사랑하는 것처럼 인사도 먼저 하는 것은 주님이 가르쳐준 모습이다. 주님도 인간을 사랑할 때 먼저 했다. 따라서 크리스천들도 먼저 인사를 해야 한다. 크리스천들에게 먼저 인사하는 습관이 몸에 밴다면 얼마나 좋을까?

우리는 인사를 할 때 나이와 배경, 지위와 경력을 따지는 버릇이 있다. 이런 것을 생각하면 먼저 사랑을 할 수 없다. 예수님은 제자들의 발을 씻길 때 먼저 섬김을 보이면서 본을 보이셨다. 선생이 제자를 섬기는 것은 어려운 일이다. 하지만 주님은 이것을 우리에게 몸소 보여주셨다. 그리고 이와 같이 행하라고 제자들에게 말씀하셨다.

인사는 이웃 사랑의 가장 쉽게 할 수 있는 기본적인 일이다. 인사는 많이 할수록 좋다. 이것은 습관에서 나온다. 습관이 안 되면 인사하는 것이 어색하고 쑥스럽다. 그러나 습관이 되면 인사는 자연스럽고 행복한 일이다.

바울은 서신서를 쓸 때 서두와 마지막에 늘 인사를 했다. 서두는 "은혜와 평강이 있기를 원한다"라는 내용이 반복하여 나온다. 그리고 마지막에는 "주 예수 그리스도의 은혜와 하나님의 사랑과 성령의 교통하심이 너희 무리에게 있을찌어다"라는 축도 형식으로 마무리 한다. 바울의 인사는 보통 인사가 아닌 하나님의 축복을 담은 인사다. 우리도 이런 인사법을 익혀 생활에 적용하면 좋을 것이다.

유대인들은 "샬롬(하나님의 평강이 함께하기를)"이라는 인사를 한다. 하나님의 평강을 기원하는 것처럼 좋은 인사는 없다. 오늘 우리도 인사하면서 주님의 복을 비는 인사를 해보자. 인사를 주고받으면서 함께 행복을 느낄 것이다. 주님의 사랑을 마음에 품고 미소를 지으면서 인사를 한다면 우리 사회는 한결 행복해질 것이다.

크리스천이 먼저 하는 인사를 통해서 행복 바이러스가 온 세상에 번져가도록 하자. 아는 사람을 만나면 "안녕하십니까?" 하고 먼저 미소를 짓고 인사한다면 하루의 삶이 훨씬 즐거울 것이다. 웃음과 함께 좋은 인사를 받으면 하루 종일 기분이 좋다. 누구나 쉽게 할 수 있는 이 일을 나의 평생 습관으로 붙이자.

작은 일에도
"감사합니다"라는 말을 건네라

우리나라 사람들은 인사에 인색하다. 좀처럼 자기의 마음을 잘 표현하지 못한다. 간단한 인사인 "감사합니다"란 말조차 잘 표현하지 못하는 경우가 많다. 이것은 오랫동안 우리나라 사람들의 습관으로 자리 잡고 있는 현상이다.

옛 어른들을 보면 부부사이에도 표현이 없다. "사랑한다! 감사하다!" 등의 표현이 부족한 것을 본다. 아마 마음으로만 가지고 있으면 되지 굳이 표현할 필요가 있는가 하는 생각이다. 이것은 동양적인 문화의 특징으로써 직접적으로 표현하기보다는 은근하게 전하는 방법에서 서양과 차이가 있다.

마음은 표현하지 않으면 그 마음을 알 수가 없다. 자칫 오해를 살 수도 있다. 이런 점에서 보면 "감사합니다!"라고 표현하는 것은 동서양을 막론하고 좋은 습관이라 할 수 있다. 이런 습관은 가능한 우리의 삶에 정착시키는 것이 좋다.

서양 사람들을 만나면 작은 것에도 "감사합니다!" 하고 인사하는 것이 몸에 배어 있음을 발견한다. 옷깃만 스쳐도 "미안합니다!" 하고 말한다. 짤막한 인사지만 서로에 대한 배려를 느끼게 한다. 그리고 한 공동체로서 친밀감과 사랑을 나누는 의미도 된다.

서로 모르는 사이지만 서로에 대한 감사와 배려를 표현하는 것은 인간관계에 매우 중요한 요소다. 작은 일에도 "감사합니다!"를 가능한 많이 하면 좋다. 부부 사이에도, 부모와 자녀 사이에도. 스승과 제자, 그리고 친구 사이에도, 이웃 사이에도 이런 인사를 서로 주고받는다면 화목한 가정과 이웃이 될 것이다.

어렸을 적에 학교에서 "고미안" 운동을 했던 기억이 있다. "고미안"은 "고맙습니다! 미안합니다! 안녕하십니까?"의 준말이다. 좋은 인사법이다. 이것을 생활화하면 작은 것에서 행복을 느낄 수 있다. 자녀들에게도 이것을 가르치고 젊은이들과 청소년들, 그리고 어른들도 이것이 몸에 배도록 하면 좋을 것이다.

생각하면 우리가 사는 것 자체가 감사하다. 이웃이 있다는 것만 해도 평안하다. 만약 이웃이 없이 혼자 아파트에 산다고 생각해 보라. 무서워서 살지 못할 것이다. 얼굴과 이름은 잘 몰라도 동네에서 함께 산다는 것 자체만으로도 우리는 행복을 느낀다. 서로에게 감사할 일이다. 존재하는 것 자체만으로도 우리는 서로에게 고마워할 수 있어야 한다.

"하나님께서 지으신 모든 것이 선하매 감사함으로 받으면 버릴 것이 없나니" (딤전 4:4)

크리스천은 세상 사람보다 "감사합니다!"라는 인사를 이웃에게 더 잘해야 한다. 하나님의 은혜로 바라보면 모든 것이 감사하다. 하루하루가 감사하다. 이런 은혜가 충만하면 작은 일에도 이웃에게 감사를 전하고 살 수 있다.

교회가 이웃에게 감사하는 마음을 자주 표현하고, 크리스천이 이웃에게 이런 인사와 함께 몸으로 사랑을 전한다면 이웃 속에서 교회와 크리스천은 꼭 필요한 존재가 될 것이다. 온 가족이 어머니가 음식을 준비해 주시면 그것을 먹고서 늘 감사한 마음만 가지지 말고 그 마음을 말로써 한번 "감사합니다!"라고 표현하면 어떨까?

남의 유익을 먼저 생각하라

크리스천이 이웃 관계에서 꼭 명심해야 할 원칙이 있다면 나보다 남의 유익을 먼저 생각하는 것이다. 사랑은 자기의 유익을 구하지 않는 것이다(고전 13:5). 사랑은 다른 사람을 먼저 생각하는 것이다. 이것이 주님이 우리에게 보여준 사랑의 모습이다.

하지만 이것이 쉽지 않다. 인간은 언제나 자기를 먼저 생각하는 죄악된 습성을 가지고 있기 때문이다. 다른 사람의 유익을 구하는 삶을 사는 사람이 많으면 많을수록 그 사회는 행복한 사회다. 이런 사람이 많아져야 한다. 크리스천은 이런 일에 선두 주자가 되어야 한다. 주님이 세상에 오신 것은 자기의 유익이 아닌 인간의 유익을 위해서였다. 십자가 죽음이 그것을 단적으로 보여 준다.

크리스천은 십자가의 은혜를 입은 사람이다. 그렇다면 크리스천이 된

순간 우리는 나보다 다른 사람을 위해서 살아야 한다. 이미 우리는 하나님의 자녀가 되었고 영원한 생명을 선물로 받았다. 많은 사랑을 주님으로부터 받았다. 사랑을 많이 받은 사람일수록 다른 사람에게 나누어 주기를 힘쓴다.

우리가 하나님으로부터 은혜를 많이 받아야 하는 이유는 다른 사람에게 나누어 주고 이제부터는 다른 사람을 먼저 생각하는 사람이 되기 위해서이다. 하지만 많은 면에서 부끄럽다. 우리는 여전히 자기 자신의 유익을 먼저 생각한다. 그토록 하나님의 큰 사랑을 받았다면 지금 이후의 삶은 다른 사람의 유익을 구하는 사람이 되어야 한다. 이것은 믿음을 갖지 않는 사람에게 요구하기는 어려움이 많다. 믿음을 가진 사람이 먼저 실천해야 한다.

다른 사람의 유익을 위해서 배려하는 사람이 과연 얼마나 많을까? 생각해 보면 그리 많지 않을 것이다. 다른 사람의 유익을 구한다고 하지만 결국은 자기 자신의 안위를 위해서 일하는 사람들이 많다. 교육가와 정치가와 공무원들은 다른 사람을 위해서 살도록 특별히 부름받은 청지기들이다. 그럼에도 끊이지 않고 비리가 터져 나오는 것을 보면 인간의 욕망이 얼마나 큰지 알 수 있다.

물론 하루아침에 이것이 나의 습관으로 자리 잡힌다는 것은 쉽지 않다. 하지만 크리스천들은 이렇게 살아야 한다. 시간이 가면 갈수록 나의 유익보다 다른 사람의 유익을 구하는 모습으로 변화되는 것을 꿈꾸어야 할 것이다. 그런 사람이 진정으로 행복한 사람이다.

자기를 위해서 사는 사람은 아무리 큰 지위와 업적과 명예를 가져도 결국은 헛된 것이다. 자기를 위한 것은 나중에 남는 것이 없다. 마치 바람을 잡는 것과 같은 것이다. 이것을 안다면 지금이라도 나의 방향을 바꾸어 남을 위한 삶으로 전환해야 한다. 그곳에서 행복을 찾는 것이 진정한 행복이요 성공이다.

사업을 해도 나의 유익보다는 남의 유익을 먼저 생각하면서 할 수 없을까? 공부를 해도 나의 유익보다는 다른 사람에게 더 많은 유익을 주고자 한다면 그 공부는 의미가 있을 텐데…….

내가 받고 싶은 것을
남에게 해 주어라

유대인들은 사업을 잘하는 것으로 유명하다. 세계에 유대인 재벌들이 많다. 유대인들에게는 한 가지 가지고 있는 사업의 원칙이 있다. 그것은 다른 사람을 먼저 즐겁게 해 주어야 하고 다른 사람에게 이익이 되게 하는 것이다. 그렇게 되면 신뢰가 쌓이고 나중에는 오히려 상대방이 나를 도와준다는 것이다. 자연히 돈도 많이 벌게 된다는 것이다. 간단한 원리이지만 우리는 이것을 실천하지 못하는 경우가 많다. 이것은 사업뿐 아니라 모든 인간관계에도 동일하게 적용된다.

우리를 돌아보면 어떤가? 다른 사람을 위해서 하는가? 아니면 나 자신을 위해서 하는가? 이 출발점이 잘못되면 늘 문제를 낳게 된다. 시작 중심이 나의 눈에서 시작하면 거기에는 욕심이 들어가게 되고 결국은 본질이 흐려지게 된다. 사람들이 나중에 부패하고 타락하는 이유가 여기에 있다.

상대방에게 잘해 주면 반드시 되돌아온다. 이 원칙은 성경에 나오는 황금률인 "남에게 대접을 받고자 하는 대로 너희도 남을 대접하라"(눅 6:31)는 구절에 근거한다. 권리보다 의무로써 먼저 행해야 하는 것을 말한다. 그리고 이것은 내가 하기 싫은 것을 남에게 해 주어서는 안 된다는 것과도 연결된다.

물건을 하나 만들어도 갖고 싶고, 가격과 품질이 만족한 물건을 만들어야 한다. 그러면 소비자는 그것을 알고 그 물건을 틀림없이 구매하게 된다. 모든 일에서 이런 습관을 가진다면 우리는 어느 분야에서든지 성공할 수 있을 것이다. 당장의 눈앞의 현실만 보면 이런 일은 하지 못한다. 언뜻 보면 손해 보는 것이요, 어리석은 일이다. 그러나 길게 보면 이것이 지혜로운 방법이다.

사람을 대할 때 우리는 늘 상대방을 먼저 생각하고, 그들을 대할 때 내가 받고 싶은 것을 그에게 주는 것을 평소에 훈련해야 한다. 어쩌면 처음에는 손해보는 훈련일 수도 있다. 하지만 나로 인하여 상대방이 즐거워하면 그것이 곧 행복이다. 나만 즐겁고 다른 사람이 슬프면 그것은 실패한 삶이다.

가끔 고리대금으로 가난한 사람들을 울리고 가정을 파탄나게 하는 사람들이 있다. 돈을 벌기 위해서 사채업을 하는 사람들 중에 이런 사람들이 많다. 상대방의 상황은 생각하지 않고 오직 자기 욕심만 채우는 경우다.

다른 사람이 슬픈데 어찌 내가 즐겁겠는가? 그런데 자기의 즐거움을 위해서 수많은 사람들에게 피해를 주는 예들이 많다. 모두 황금률을 실천하지 않았기 때문이다. 상대방을 즐겁게 하고, 상대방의 이익을 먼저 생각하면서 그것을 위해서 일하는 사람은 설사 상대방이 되돌려 주지 못해도 하나님이 더 크게 갚아 주신다.

크리스천으로 산다는 것은 결국 이렇게 사는 것이다. 점차 이런 생활 습관으로 우리의 모습을 바꾸어 가야 한다. 만약 이것이 나의 습관으로 자리 잡는다면 하나님의 축복이 나에게 주어질 것이다. 이렇게 하자면 나보다 남을 더 생각하는 배려가 필요하고, 그것을 헤아리는 마음이 있어야 가능하다. 지금이라도 상대방을 위해서 손해를 감수하자. 이런 크리스천이 많아질수록 우리 사회는 빛과 소금의 모습이 될 것이다.

남의 마음을 상하게 했을 때는
"미안합니다!"라고 말하라

모든 인간관계는 말 한마디로 시작된다. 그것은 "안녕하십니까?" "감사합니다!" "미안합니다!" 등이다. 기분을 상하게 하거나 실수를 했을 때 "죄송합니다! 미안합니다!"라고 말하면 문제가 쉽게 해결된다. 이런 말은 나뿐만 아니라 주위의 모든 사람들까지 기분 좋게 해 준다.

"좋은 말 한마디가 천 냥 빚을 갚는다"라는 옛 속담이 있다. 이것은 말 한마디가 얼마나 중요한지를 보여 주는 대목이다. 특히 진심으로 사과하는 말은 그 효과가 엄청나게 크다. 물론 그 말에는 마음을 담아야 하고 진실함이 전해져야 한다.

얼마 전에 타이거 우즈가 자신의 부정한 행동에 대해서 잘못을 시인하는 기자회견을 전 세계인들이 보는 앞에서 한 적이 있다. 골프 황제라 불리웠던 우즈가 그동안 자기의 신분에 맞지 않는 부적절한 행동을 한 것에 대해 고개를 속이고 "죄송합니다!"라고 사람들 앞에 사과를 했다. 해서는 안 될 부끄러운 모습이지만, 한편으로 그 잘못에 대해서 눈물로 사과하는 용기 있는 그의 행동은 사람들에게 감동을 주었다. 그것은 모든 인간이 늘 저지를 수 있는 실수이기 때문이다.

실수는 모든 인간이 다 한다. 문제는 그것을 시인하고 사과를 하는 것인데 그것이 말처럼 쉽지 않다. 하나님 앞에서 인간은 실수투성이다. 인간의 눈에 드러난 실수를 보면 얼마 안 되지만, 하나님의 눈에 보이는 인간의 잘못은 너무나 많다. 이런 잘못을 스스로 인정하고 하나님 앞에 돌아와 회개하는 사람만 하나님은 복을 주신다.

크리스천은 어떻게 되는가? 착한 일을 많이 했기에 크리스천이 되는 것은 아니다. 자기가 죄인임을 공개적으로 시인하고 하나님에게로 돌아오는 사람에게 하나님의 자녀가 되는 권세를 주신다. 잘못을 인정하지 않으면 누구도 크리스천이 될 수 없다.

다른 사람에게 잘못을 구하는 것도 결국 습관에서 나온다. 잘못을 회피하고 숨기는 것은 나쁜 습관이다. 한 번 거짓은 계속 거짓말을 하게 한다. 한 번 용기 있는 회개는 더 이상 죄를 짓지 않게 만든다.

우리는 주변 사람들에게 작은 실수를 많이 범한다. 그때마다 "미안합니다!"라고 사과하며 다시는 잘못을 저지르지 않으려는 결단이 중요하다. "미안합니다!" 한마디는 사람과의 관계를 이어 주는 화해의 역할을 한다. 말 한마디지만 그 위력은 대단하다. 그러나 끝까지 자기 잘못을 인정하지 않고 고집을 부리면 결국은 패망하게 된다. 이스라엘 백성이 하나님께 범죄하고서도 회개하지 않음으로 결국은 나라를 잃어버렸다.

지금부터라도 "미안합니다!" "죄송합니다!"를 나의 습관으로 만들어보자. 처음에는 익숙하지 않을지라도 자꾸 연습하면 나중에는 쉽게 나온다. 물론 그런 일을 통하여 나의 모습이 초라해지고 체면이 구길 수 있다. 하지만 그렇게 해서 나를 온전히 만들어 간다고 생각하면 그것이 오히려 나에게 새 힘을 준다.

사과는 기회를 놓치면 나중에 하기 힘들어진다. 또한 이유를 따지면 사과하기 힘들다. 먼저 사과하고 마음에 있는 응어리를 풀자. 사과의 순간을 놓치면 나중에 더 큰 문제를 야기한다. 작은 실수에도 "미안합니다!"라는 말을 할 수 있는 습관을 들이도록 우리 모두 노력하자.

상대방을 먼저
존경하고 배려하라

 인간에게는 좋지 못한 습성이 있다. 그것은 나만 생각하는 버릇이다. 외동아들로 자란 사람들 중에 이런 사람이 많다. 왜 그럴까? 어릴 때부터 다른 형제들과 어울리면서 자라야 하는데 그렇지 못하고 혼자 자라다 보니 이런 현상이 생긴다.

나보다 남을 먼저 배려하고 그 사람의 입장을 먼저 생각하는 습관이 되지 않으면 평생 동안 그렇게 살아간다. 이것은 어릴 때부터 훈련하지 않으면 습관이 되어 힘들다.

다른 사람을 먼저 배려하는 것은 습관이다. 이것이 익숙하게 된 사람은 힘들지 않다. 물론 이렇게 하기 위해서는 먼저 마음에서 다른 사람을 인정하는 자세가 필요하다. 나보다 남을 더 사랑하는 마음이 들지 않으면 오래가지 못하고 억지로, 아니면 체면으로 하게 된다.

왜 우리가 상대방을 먼저 배려하고 존경해야 할까? 그것은 상대방이 나의 몸과 같기 때문이다. 우리가 상대방을 무시하는 것은 그들은 다른 존재라고 생각하기 때문이다. 나와 상관이 없다는 인식 때문이다. 하지만 그렇지 않다. 왜 그런가? 그것은 죄로 인하여 서로 관계가 멀어져서 남처럼 느끼는 것이다. 원래 우리는 한몸이었다. 그리고 서로 섬기면서 살게 되어 있었다. 그런데 그것이 오랜 시간이 지나면서 남처럼 되고 말았다.

우리 몸을 살펴보면 이해가 잘된다. 몸의 각 지체들은 서로 연결이 되었다. 지체가 각자 분리되지 않고 서로를 섬기는 구조로 만들어졌다. 손은 몸을 감싸고, 발은 몸을 지탱하고, 머리카락은 머리를 보호하고 있다. 우리의 몸을 가만히 살펴보면 오묘하다. 여러 지체들이지만 결국은 한 몸이 된다. 그렇지 않으면 그 몸은 병들고 나중에는 죽게 된다.

서로를 존경하고 섬기며 배려하는 역할을 하지 못하면 몸은 오래가지 못한다. 우리가 사는 사회도 이와 같다. 이웃이 죽으면 나도 결국은 죽게 된다. 가족이 무너지면 나도 무너진다. 나라가 위기에 처하면 내 삶은 한 순간에 사라진다.

이것들은 서로 긴밀히 연결되어 있고 그렇게 우리는 살고 있다. 언뜻 보기에는 원수와 적들처럼 보일지라도 사실은 그렇지 않다. 이것을 알고 적용하는 사람이 누구인가? 남을 먼저 존경하고 배려하는 사람들이다. 크리스천은 이것을 먼저 알고 실천하는 사람들이다. 인류를 하나님의 한가족으로 알고 사랑하는 사람이다.

사람은 높고 낮음이 없다. 하나님 앞에서 보면 모두가 자녀요, 종이요, 피조물이다. 누가 먼저요, 나중이 없다. 지위와 나이는 크게 문제가 안 된다. 이런 하나님의 섭리와 은혜를 깨닫는 자가 먼저 베풀고 섬기면 된다. 먼저 섬기고 남을 배려하는 사람이 곧 리더다. 사회를 이끄는 지도자이다.

"그리스도를 경외함으로 피차 복종하라" (엡 5:21)

서로 복종하는 모습이 가장 아름다운 인간관계다. 이것이 진정으로 우리가 꿈꾸는 사회이다. 하나님은 교회와 크리스천들에게 세상을 잘 관리하고 이끌어 갈 사명을 주셨다. 그렇다면 크리스천이 사회를 먼저 섬기고 배려하는 습관은 아무리 강조해도 지나치지 않을 것이다. 은혜를 아는 크리스천이라면 말이다.

상대방의 말을
경청하고 나서 반응하라

 사람과의 대화를 하다 보면 어떤 사람은 별 반응이 없다. 반면에 어떤 사람은 고개를 끄덕이면서 반응을 보인다. 당연히 반응을 보이는 사람에게 마음이 갈 수밖에 없다. 반응을 보이지 않는 사람은 마음으로는 받아들여져도 습관이 되지 않아 무뚝뚝하게 사람을 대하는 것이다.

상대방의 말에 경청하는 것은 좋은 습관이다. 복은 잘 듣는데서 온다. 사람의 말을 잘 들어주는 것만으로도 문제를 해결할 수 있다. 상담에서 가장 중요한 원칙은 상대방의 말을 잘 들어주는 것이다. 대부분의 인간관계는 자기 이야기만 하다 보니 문제가 생기는 것이다. 상대방의 이야기를 잘 들어주면 어려운 문제와 꼬인 인생의 답이 자연히 풀린다.

간혹 대화를 하다 보면 자기 이야기만 계속 하는 사람이 있는데 이런 사람과는 대화가 잘 이루어지지 않는다. 다른 사람의 말을 잘 들어주는 마음을 갖자. 이것이 잘 안 되는 것은 자기만 생각하는 버릇 때문이다. 상대방을 인정하고 존중하는 마음을 갖는다면 상대방의 말을 잘 들어주게 된다. 그러고 나서 그것에 반응하는 태도를 보인다.

교육의 시작은 듣는 것이다. 믿음도 들음에서 시작된다. 잘 듣는 것은 믿음이 자라는 비결이다. 잘 듣기 위해서는 마음이 겸손하고 온유해야 한다. 마음이 강퍅한 사람들은 잘 듣지 못한다. 특히 자기 생각만 하면 다른 사람의 말이 들리지 않는다. 아무리 좋은 말을 해도 그것이 들리지 않는다.

이렇게 보면 귀가 있다고 듣는 것은 아니다. 마음이 중요하다. 듣기 훈련이 잘된 사람은 다른 사람의 말을 잘 경청하게 된다. 나라의 지도자들이 백성들의 말을 잘 듣지 못하면, 결국은 비참한 종말을 맞이한다. 하지만 백성들의 말을 잘 들으면 좋은 지도자로 역사에 남는다. 모든 것은 경청에서 판가름 난다.

유대인 교육이 탁월한 이유는 듣기 교육이 어릴 때부터 잘 이루어졌기 때문이다. 하나님의 말씀을 잘 들을 때 사람의 말도 잘 듣게 된다. 유대인들은 이것을 어릴 때부터 철저하게 훈련한다. 그 결과 모든 면에서 탁월성을 발휘한다.

우리가 다른 사람의 것을 나의 것으로 잘 만들지 못하는 이유는 다른 사람의 말을 잘 듣지 않기 때문이다. 지금이라도 상대방의 말을 잘 경청하고 그것에 반응을 보이는 습관을 가진다면 많은 사람들에게 사랑을 받게 될 것이다. 아래에 우리가 종종 저지르는 좋지 못한 듣기 습관들을 열거해 놓았다. 한번 점검해 보자.

하나, 상대방의 이야기를 잘못 들은 적이 있는가?

둘, 상대방의 이야기를 들으면 잠이 오거나 지루하다는 생각을 한 적이 있는가?

셋, 상대방이 싫은 사람일 경우에는 아예 이야기를 듣지 않고 마음을 닫아버리는가?

넷, 상대방의 이야기 방법이 마음에 안 들어서 아예 들으려고 하지 않은 적이 있는가?

다섯, 자신이 할 말을 생각하다가 그만 상대의 말을 제대로 듣지 못한 경우가 있는가?

여섯, 자신이 먼저 얘기하고 싶어서 상대방 이야기를 가로막은 일이 있는가?

일곱, 나의 관심과 거리가 있어서 들을 마음이 생기지 않았던 일이 있는가?

여덟, 자신과 생각이 다르다고 판단되면 전혀 듣지 않는가?

아홉, 남의 이야기를 들을 때 팔짱을 끼거나 무표정한 적이 있는가?

열, 이야기의 내용에 이해하지 못하는 점이 있어도 다시 질문하거나 확인을 하지 않는가?

이 열 가지 중에 하나라도 있다면 조금씩 고쳐 나가자.

서로의 차이를 인정하고
각자의 개성을 존중하라

 나는 가끔 가족과 함께 멀리 떨어진 음식점을 갈 때가 있다. 그곳을 찾아가려면 좁은 길을 통과하며 언덕을 넘어가야 한다. 구석에 박혀서 그냥 찾아간다는 것은 거의 불가능하다.

그런데 그 집에 가면 사람들이 늘 북적거린다. 어디서 이렇게 많은 사람들이 오는지 이해가 안 된다. 그 음식점을 가기 전에 많은 음식점이 즐비하게 있는데도 유독 그 음식점만 사람들이 많이 찾는다. 그 이유는 간단하다. 그것은 다른 집에 비해 맛이 특별나고 그 집 나름대로 독특성을 가지고 있기 때문이다. 넓은 주차장에 쉴 수 있는 자연공간이 있으며, 여유를 가지고 담소할 수 있는 찻집이 함께 붙어 있는 다른 집과의 차별화된 독특성이 사람들을 멀리서도 찾아오게 만드는 것이 아닌가 생각된다.

하나님이 사람을 만들 때 각자 다른 개성을 주셨다. 어느 한 사람도 같은 사람이 없다. 이것은 하나님이 만드신 모든 사람은 나름대로 독특성이 있다는 이야기이다. 모든 사람은 각자 성공할 수 있는 능력을 이미 받았다. 인간이 보기에는 세상이 불공평하다고 생각할지 모르지만 하나님이 보실 때는 세상은 공평하다. 하나님의 공평하심을 안다면 우리는 자기만의 개성을 살려서 하나님의 공평하심을 드러내야 한다.

탈무드에서는 "만일 모든 사람이 한 방향으로만 향하고 있다면 세계는 기울어지고 말 것이다"라고 가르치고 있다. 세상이 이렇게 잘 돌아가는 것은 각자 다른 점이 있기 때문이다. 세상은 복사판이 아니다. 꽃 하나만 보아도 각각 다르다. 이것이 세상의 모습이다. 사람마다 개성이 있기 때문에 좋은 사회는 각자의 개성을 인정하고 그 가치를 높여 주는 것이다.

그런데 어느 순간부터 우리 사회는 개성을 무시하고 동일한 복사판을 만들고 있다. 이것은 우리 모두를 불행하게 만드는 요인이 된다. 주님은 "내 이웃을 내 몸처럼 사랑하라"고 하셨다. 왜 이웃이 내 몸인가? 이것을 이해한다면 남을 먼저 섬기고 배려하는 일은 그다지 어렵지 않을 것이다.

남을 돕는 것이, 곧 나를 돕는 길이다. 이 원리를 잘 깨닫고 실천한다면 남을 도우면서 나도 성장하는 기쁨을 맛보게 될 것이다. 거금을 주고 모처럼 좋은 옷을 사서 입고 다니고 있는데, 어느 날 나와 같은 옷을 입는 사람을 보면 갑자기 옷의 가치가 떨어지는 것을 느낀다. 그러면서 기분이 나빠진다. 그것은 나만의 개성이 없어졌기 때문이다.

내가 소중한 것은 하나님이 보실 때 내가 최고이기 때문이다. 역시 다른 사람이 소중한 것은 그 사람이 세계에서 최고이기 때문이다. 이렇게 보면 어느 한 사람만이 최고가 아닌 모두가 최고다. 자기의 개성을 살린다면 말이다.

남자와 여자는 다르다. 어른과 아이가 다르고 또 나이에 따라 다르다. 이것을 인정하면 인간관계가 크게 문제 될 것이 없다. 다른 것을 나쁘다고 하거나 차원이 낮은 것으로 생각하는 것은 우리를 결국 더 힘들게 만든다. 하지만 각자의 차이와 개성을 인정한다면 우리는 서로 존중하고 사랑하게 될 것이다.

인간이 서로 다투고 미워하고 시기하는 것도 그리고 욕심을 부리는 것도 알고 보면 서로 다른 차이성을 인정하지 못했기 때문이다. 이것만 해결되면 우리는 서로 다른 존재로 인정하고 존중하면서 서로 연합하게 될 것이다.

사람을 볼 때 나는 어떻게 보는가? 차이를 인정하고 개성을 찾으려고 하는가? 그렇다면 우리들이 만나는 모든 사람은 서로 사랑하는 존재로 다가오게 될 것이다.

누구에게나 예의를 갖추고
친절하게 대하라

 사랑은 여러 가지로 정의할 수 있다. 성경에서는 사랑에 대한
정의를 잘 말해 주고 있다.

"사랑은 오래 참고 사랑은 온유하며 시기하지 아니하며 사랑은 자랑
하지 아니하며 교만하지 아니하며 무례히 행하지 아니하며 자기의 유익
을 구하지 아니하며 성내지 아니하며 악한 것을 생각하지 아니하며 불
의를 기뻐하지 아니하며 진리와 함께 기뻐하고 모든 것을 참으며 모든
것을 믿으며 모든 것을 바라며 모든 것을 견디느니라" (고전 13:4-7)

이 중에 "무례히 행하지 않니하며"란 말이 나온다. 이것은 예의를 갖춘
다는 의미다. 사랑은 무엇인가? 사람에게 예의를 갖추고 친절히 행하는

것이다. 물론 여기에는 "누구에게든지"라는 단서가 들어간다. 사람을 외모로 평가하면서 차별적으로 친절을 베푸는 것은 친절이 아니다. 모든 사람은 고귀하다. 그리고 평등하다. 인간은 모두 하나님의 형상을 닮았다. 이런 점에서 모든 인간은 존경을 받을 만하다.

인격적인 사람은 사람을 차별하지 않고 누구에게든지 친절하게 예의를 갖춘다. 그러나 비인격적인 사람은 차별하며 지위와 배경을 따라 사람을 대한다. 사람을 차별하는 것도 습관이다. 한번 그렇게 하면 계속 그런 습성이 나도 모르게 나타난다.

구약 성경에 나오는 아브라함은 자기 집에 오는 손님을 친절하게 대접했다. 그런데 알고 보니 그 사람이 하나님이 보내신 천사였다. 아브라함에게 축복을 가져다주는 하나님의 사신이었다. 그 사람이 천사일줄 누가 알았겠는가?

이것은 평소에 아브라함이 사람을 대하는 모습을 그대로 보여 준다. 이런 사람에게 복이 임한다. 하나님의 나라는 이런 사람의 것이다. 어린 아이조차도 소중하게 대하며 무시하지 않는 사람에게 하나님은 은혜를 주신다.

지금이라도 이렇게 생각하도록 노력하자. "나에게 다가오는 사람은 특별한 사람이다. 어쩌면 하나님이 특별히 보내는 천사일 수도 있고, 주님일 수도 있다." 평소 사람을 소중하게 생각하며 귀하게 여기는 습관을 가지는 것은 하나님의 자녀로서 마땅히 행해야 할 모습이다.

사람을 주님처럼 대하자. 나를 대하듯이 다른 사람도 대하자. 그런 습성을 갖도록 훈련하자. 하나님은 이런 사람을 나중에 축복하시고 천국에서 상이 클 것이다. 내가 만나는 한 사람에게 친절을 베풀면 그 사람은 나의 친절함으로 큰 용기와 힘을 얻을 수 있다. 남에게 친절을 베푸는 것은 돈이 들지 않는다. 그리 어려운 일이 아니다. 마음만 가지면 누구나 할 수 있는 일이다.

다른 사람에게 친절을 베풀 수 있다는 것은 즐거운 일이다. 사람을 대할 때 최선을 다해 예의를 갖추고 상대방을 존중하는 것이 곧 이웃을 사랑하는 일이다. 대단한 것으로 도와주지 않아도 상대방을 존경하며 예의를 갖추어 섬기면 그에게는 가장 큰 선물이 될 수 있다.

사람이 어느 때 행복한가? 돈을 받을 때인가? 지위를 가질 때인가? 그렇지 않다. 인격적인 대우를 받고 사람을 존경하며 예우를 받을 때이다. 아무리 돈을 많이 준다 해도 무시하며 사람 대접을 하지 않으면 이것처럼 모욕적인 일은 없다.

내가 남에게 대접을 받고 싶은 대로 남에게 친절을 다해 예우를 해주자. 누구에게든지 그런 사랑을 베풀 수 있도록 습관으로 길들이자. 그러면 기대 이상의 축복이 뜻하지 않게 임할 것이다. 알고 있는가? 심은 대로 거두는 하나님의 법칙을…….

경쟁보다는 협력을 하라

우리가 사는 세상은 경쟁이 필수조건처럼 되었다. 우리는 어릴 때부터 경쟁에 길들여졌다. 심지어 학교 공부도 경쟁을 통해서 이루어진다. 이런 경쟁은 우리도 모르게 몸에 밴 오랜 습관이다.

이제 성적순으로 순위를 매기는 것은 당연한 상식이 되었다. 이런 경쟁 방법은 상대방을 시기하고 미워하게 하는 요인이 된다. 물론 좋은 의미에서 경쟁을 유도하지만 그것이 쉽지 않다. 그동안 경쟁을 통한 공부 방법이 우리를 이렇게 만들었다. 지금이라도 이것을 바꾸어야 한다. 경쟁이 아닌 상생을 통한 성과를 이룰 수 있도록 말이다.

우리는 경쟁을 목표로 두다 보니 혼자 공부하는 방법이 익숙해졌다. 함께 공부하기보다는 혼자서 공부한다. 이것이 그동안 우리의 학교 모습이다. 학교 수업도 대부분 혼자 공부한다. 이렇게 길들인 습관은 평생 동안 지속된다. 그래서 늘 외롭다. 나중에는 자신마저 그 경쟁에서 무너지게 된다.

얼마 전에 미국을 방문했다. 그때 사업가인 한 장로님의 이야기를 들었다. 75세 정도 된 그분은 50년 미국 생활을 하면서 한 가지 한국인과 미국인의 다른 점을 발견했다고 한다. 그것은 미국 사람들은 서로 협력하는 습관이 잘되었다는 것이다. 미국인들은 어릴 때부터 무엇을 하든지 혼자하기보다는 함께하는 방법으로 습관이 된 것이 이유였다. 어릴 때 학교에서부터 개인이 아닌 공동작업이 생활화되다 보니 함께하는 것이 몸에 밴 것이다.

회사를 말할 때에도 'co'라고 약자를 쓴다. 'co'는 'corporation' 'company'라는 단어의 약자로 '함께한다'는 의미를 지니고 있다. 혼자서는 회사를 이룰 수 없기에 함께 회사를 이룬다는 것이다. 이렇게 함께하는 것은 아름다운 일로써 모든 것이 함께하는 것으로 구조가 바뀌면 협력은 생활 속에서 당연한 일처럼 될 것이다.

교회 또한 마찬가지이다. 교회는 몸이기 때문에 혼자서는 교회가 될 수 없다. 교회 공동체를 통하여 우리는 하나됨을 배우고 서로 복종하고 협력하는 법을 배워야 할 것이다. 하나님과 인간과 자연이 함께하는 법을 터득하는 것은 매우 중요한 일이다.

하나님은 세상을 모두가 함께 살도록 창조하셨다. 그런데 인간이 죄를 지음으로 인해 개인화가 되고 말았다. 오직 나만을 위해서 살아가는 악한 세상이 되었다. 여기서 경쟁심이 일어나고 자연스럽게 전쟁과 싸움과 욕심이 파생되었다.

이것을 부추기는 것은 사단의 속셈이다. 서로 분리하게 만들고 경쟁과 시기심을 유발하여 결국은 모두를 파멸시키는 이런 사단의 계략에 말려들면 안 된다.

지금 우리 세계의 모습은 싫든지 좋든지 협력해야 살 수 있는 상황이 되었다. 혼자서는 살아가기 힘들다. 예측 불허하는 기후와 환경의 문제도 혼자서는 해결할 수 없다. 모든 세계가 협력해서 문제를 풀지 않으면 결국은 모두가 죽게 된다. 사실 일찍부터 이런 지혜를 배워야 했다.

어리석음은 혼자 있을 때 생긴다. 그러나 함께하면 지혜가 생긴다. 지금부터라도 함께 더불어 사는 법을 터득하자. 서로 공존하는 법을 배우자. 나만의 행복이 아닌 모두가 행복해지는 길을 찾자.

그러기 위해서는 어릴 때부터 자녀에게 함께 사는 법을 가르치고 그것을 훈련시켜야 한다. 그리고 그것이 당연한 것으로 자리 잡도록 우리 자신을 습관화시켜야 한다.

이웃을 내 몸처럼 사랑하라

주님은 "내 이웃을 내 몸처럼 사랑하라"고 하셨다. 왜 이웃이 내 몸인가? 이것을 이해한다면 남을 먼저 섬기고 배려하는 일은 어렵지 않을 것이다. 남을 돕는 것이, 곧 나를 돕는 길이다. 이 원리를 잘 깨닫고 실천한다면 남을 도우면서 나도 성장하는 기쁨을 맛보게 될 것이다.

그러나 대부분의 사람들은 이런 원리를 잘 모른다. 오직 자신만 생각한다. 이런 사람은 자기도 모르는 불행 속으로 점점 빠져들게 되고, 자신만을 생각하면 할수록 피폐해진다. 거기에는 행복이 존재하지 않는다. 사람들은 이런 사실을 깊게 생각하지 않고 그냥 행동한다. 당장 눈앞에 일어나는 일만 생각하고 그런 일만 찾아서 시간을 투자한다. 그것은 스스로 망하는 길이다. 한번 그길로 빠져 들면 수렁에서 헤어나오지 못한다.

우리 주위에 패망하는 사람들을 보면 모두 이런 유형이다. 오랫동안 자기만을 생각하는 습관을 가지면 이렇게 될 수 있다. 어릴 때부터 우리는 자기에게 집착하는 것보다 이웃을 자기 몸처럼 사랑하는 법을 배우는 것이 유익하다. 물론 이것은 하루아침에 안 된다. 그것은 인간은 태어날 때부터 자기만 위하는 죄악된 특징이 있기 때문이다. 이것이 점차 커지면 나중에는 이기적이고 고집이 센 사람이 되며, 더 심하게 말하면 동물과도 같은 사람이 된다.

동물을 보면 잘 알 수 있다. 어미가 본능적으로 자기 새끼를 위하다가도 결정적인 순간에는 자기의 욕심을 채운다. 동물들은 서로 물고 뜯고 싸운다. 먹을 것을 양보하고 손해보는 법이 없다. 어떻게 해서든지 자기의 욕심을 채워야 직성이 풀린다.

왜 그럴까? 동물에게는 이성이 없다. 오직 감각만 존재한다. 생각을 할 수 없기 때문에 감각에 이끌린다. 그러나 사람은 다르다. 이성을 가진 존재다. 이웃을 먼저 생각하고 공동체를 생각하는 이성을 가졌다.

이성은 감각을 조절한다. 어릴 때부터 말씀을 통해 이런 인생의 원리를 알고 이해하는 것이 중요하다. 왜 이 일을 다른 사람에게 나누어야 하는지 깊게 생각하면 해답이 나온다. 하지만 이성을 사용하지 못하고 오직 감각에만 이끌리면 나 자신만 보이게 된다.

이웃을 다른 사람으로 보는 순간 우리는 이웃에게 사랑을 베풀기 어럽다. 그러나 이웃을 나의 몸으로 생각하면 그에게 사랑을 베푸는 것은 즐거운 일이 된다. 나에게 하는 것처럼 최선을 다해 이웃을 섬기게 된다. 이것을 누구나 이해할 수 있는 한 예가 있다.

바로 부부와 가족이다. 부부는 한몸이다. 가족은 한 피를 받은 한몸이다. 그래서 가족애는 뜨겁다. 하나님은 우리에게 그것을 느끼도록 피를 통하여 한몸이 되게 하셨다.

누가 시키지 않아도 부모는 자녀에게 먹을 것을 준다. 자기보다 자녀를 더 사랑한다. 자녀가 잘되면 그것이 부모가 잘되는 것이다. 부모의 소망은 오직 자식 잘되는 일이다. 그 일을 위해 일생을 바친다. 우리는 부모의 모습에서 내 이웃을 내 몸처럼 사랑하는 것을 보게 된다.

이런 가족 속에서 일어나는 사랑의 모습을 확장하여 이웃에게 행하면 그것이 곧 크리스천의 삶이다. 이것은 성령을 받으면 가능하다. 그들이 하나님의 한가족이라는 생각이 들면 부모가 자식을 대하듯이 이웃을 대하고 사랑하게 될 것이다. 대가없이 그저 주는 것으로 만족하게 될 것이다.

이웃을 바라볼 때 과연 나는 어떤 눈으로 보는가? 적으로 보는가, 아니면 하나님의 자녀로 보는가. 죄로 인하여 우리가 당장은 힘들어도 회개하면서, 또 기도하면서 우리의 시야를 그렇게 보도록 습관을 갖도록 하자.

남을 도울 수 있을 때
힘껏 베풀어라

 인생의 기회는 늘 있는 것이 아니다. 돌고 도는 것이 인생이다. 물질이나 시간이나 지위가 늘 나에게 머무는 것은 아니다. 시간이 지나면 다른 것으로 이동한다. 하나님은 공평하시기에 이것들을 한곳에 머무르게 하지 않고 흘러가게 하신다. 그래야 썩지 않는다.

흐르는 물은 깨끗하다. 그러나 저장된 저수지 물은 더럽다. 저수지는 인간이 만든 웅덩이다. 인간의 유익을 위해 물을 모아놓은 것이다. 그러나 흐르는 물은 하나님이 하시는 자연의 모습이다. 골짜기 물이 흘러 개울물에 이르고, 개울물이 강이 되고, 강이 흘러 바다가 된다. 그리고 그것은 다시 수증기가 되어 하늘로 올라가 구름을 만들고 시간이 지나면 그것이 다시 비가 되어 세상에 내린다. 돌고 도는 순환이다.

그렇게 함으로써 정화되고 깨끗해지는 것이다. 그래서 자연은 욕심이 없다. 자연을 보면 아름답고 청정하다. 마음이 갑자기 편안해지는 것은 그런 자연의 속성 때문이다. 하나님이 그렇게 자연을 만드셨다.

시장에서 조리를 위해 채소나 야채를 사온다. 그것은 모두 유효기간이 있다. 2-3일내로 조리가 안 되면 썩어서 그냥 버리게 된다. 자기가 먹지 못하면 다른 사람에게 주는 것이 현명하다. 그렇지 못하면 쓰레기통에 넣어야 한다. 우리의 인생 역시 이렇게 살아야 한다. 잠시 내게 있는 순간을 잘해야 한다. 시간이 지나면 더 이상 내 것이 아니다.

하나님이 우리에게 재물과 시간, 지위 등을 주실 때는 평생 동안 쓰라고 주신 것이 아니다. 유효기간이 있다. 그 기간 동안에 나의 만족을 위해서 사용하고 또 이웃을 위해 나누어 모두 사용하라는 의미다.

재물은 늘 있는 것이 아니다. 한순간에 사라지는 것이 재물이다. 나에게 재물이 왔을 때 그것을 잘 사용해야 한다. 그것을 사용할 수 있는 지혜를 구해서 그때 많은 사람들에게 구제하고 나누어주면 좋다. 그런 사람에게 하나님은 더 많은 것을 주실 것이다.

나는 그동안 과거에 부자였던 사람들을 많이 만났다. 그들의 이야기를 들어 보면 대부분이 많은 돈을 벌어 호위호락하면서 지냈음을 짐작할 수 있었다. 그들은 정말 대단했지만 안타깝게도 그때가 바로 남을 위해 베풀어야 하는 시기인 줄을 몰랐던 것이다.

그들 중에는 그렇게 많은 돈을 가졌으면서도 제대로 다른 사람에게 베푸는 일을 하지 못하고 더 많은 돈을 벌려고 하다가 그만 모두 날려

버린 사람도 있다. 이웃에게 베풀 수 있는 그 좋은 기회를 놓치고 만 셈이다. 어쩌면 하나님은 그런 그의 모습을 보고 더 이상 그에게 재물을 두지 않고 거두어 가신 것일 수도 있다.

마음껏 다른 사람을 도울 수 있는 기회가 항상 있는 것은 아니다. 갑자기 나의 삶이 윤택해지고 무언가 일이 잘 풀려서 행복해지는 순간이 올 때면 이렇게 생각해 보라. '지금이 이웃을 위해 풀 수 있는 최적의 시기라는 것을……'.

하나님이 나에게 그런 기회를 주고자 이런 축복을 주셨다고 생각하면 적극적으로 선을 행할 수 있는 길을 찾게 될 것이다. 그렇지 않고 나에게도 기회가 왔다고 생각하면서 그동안 자기가 하고 싶은 것만 추구한다면 그는 정말 좋은 기회를 놓치는 셈이 된다.

만약 그 많은 재물을 가지고 좋은 집과 새 차와 고급 가구로 바꾸며 세상을 즐기는 일을 한다면 그것은 슬픈 일이다. 그런데 실제로 많은 사람들이 이렇게 살고 있다. 오히려 더 많은 욕심을 내면서 이웃에게 인색할 때가 얼마나 많은가?.

하나님이 왜 이것을 나에게 주셨는지? 왜 이때 이것을 나에게 허락하셨는지? 곰곰이 생각하면 하나님의 뜻이 보일 것이다. 재물이 내게서 사라지기 전에 이웃을 위한 유익한 일을 찾는 것이 현명하다. 그것이 나에게 그 축복을 오래 머물게 하는 비결이다. 어차피 나중에 남는 것은 이웃에게 베푼 것만 남는다는 사실을 안다면 말이다.

아무도 원수로 만들지 말라

 사람이 살다 보면 생각지 않게 원수 맺는 일이 생길 수 있다. 사람과 원수가 된다는 것은, 곧 사람과의 관계가 깨어지는 것을 의미한다. 그것은 인간관계에 심각한 문제가 발생한 것이다. 이유야 어찌 됐든지 결과적으로 이웃과의 관계에 금이 간 것이다.

하나님과의 관계 다음으로 중요한 것이 사람과의 관계다. 그런데 원수 사이가 된다는 것은 사람과의 관계가 좋지 않은 것을 말한다. 그것은 또 다른 원수를 맺게 하는 시작점이다. 어떤 사람과 원수가 되면 그 사람의 가족과 친구들까지 관계가 좋지 않게 된다. 심지어 그가 만나는 주변 사람조차도 점점 싫어지게 된다. 이것은 무서운 전염병과 같다.

어쩌면 상대방이 잘못해서 원수가 될 수도 있지만, 나에게 문제가 있어 원수가 될 수도 있다. 내가 스스로 그것을 판단할 수 없다. 그러나 실제로 우리는 스스로 재판관이 되는 경우가 얼마나 많은가? 진위 여부는 최후에 하나님 앞에서 가릴 일이다. 만약 내가 잘못해서 원수가 맺는 일이라면 어찌하겠는가? 그런 이유로 성경은 원수를 어떤 경우도 갖지 말라고 말한다. 혹시 원수가 될 일이 있으면 먼저 화해를 청하는 것이 바람직하다. 성경은 오히려 원수를 위해서 기도하고 사랑하라고 말한다. 쉽지 않은 일이지만 우리는 그렇게 해야 한다.

사람과의 사이가 원수 관계로 발전하는 것을 보면 오해와 감정, 편견에서 비롯된 것이 많다. 또 하나는 무지로 생긴 것일 수 있다. 우리가 상대방을 잘 안다고 해도 사실 그 내면까지 알 수는 없다. 알려진 것 이외에는 우리가 알만한 정보가 없다. 만약 잘못된 정보로 그 사람을 오해했다면 그 책임은 상대방이 아닌 내가 져야 한다. 이런 경우를 짐작한다고 하면 일단 원수를 맺지 않는 것이 좋다. 늘 내가 실수를 할 수 있다는 것을 전제한다면 이것이 그렇게 어렵지는 않을 것이다.

인간은 모두 죄인이다. 이것을 바꾸어 이야기하면 우리 모두는 원수 맺을 일이 잠재해 있다는 것을 의미한다. 상대방을 원수로 생각하면 상대방도 나에 대해서 그렇게 생각할 수 있다. 인간은 모두 연약한 존재다. 서로에게 상처를 줄 수 있는 요소를 지니고 있다. 그런 이유로 인간은 서로 사랑하며 살아가는 것이 지혜로운 일이다. 사랑하다 보면 미움도 사라진다.

하지만 미워하면 미움이 더 커져 더 큰 죄를 짓게 된다. 미움은 나중에 살인으로 가게 된다. 미움의 고리를 가능한 빨리 끊어야 한다. 주님은 미워하는 것은, 곧 살인하는 것이라고 말씀하신다. 원수 맺는 것으로는 아무것도 이룰 수 없다. 오히려 모든 것을 파멸시키는 씨를 심는 것이다. 이것도 습관이다.

사람마다 좋지 않은 관계로 발전하는 사람이 있다. 직장과 친구와 이웃 관계에서 나쁜 관계를 맺는 것은 원수 맺는 일이다. 그렇게 되면 세상에 대해 부정적인 시각을 보게 되고 결국은 사람까지도 싫어하게 된다. 이것은 사단이 노리는 수법이다. 이것에 넘어가면 안 된다.

상대방이 원수처럼 느껴질 때 이렇게 한번 생각해 보면 어떨까? 하나님이 인간을 보실 때 원수와도 같은 존재다. 인간은 하나님의 사랑을 무시하고 얼마나 반역하며 거역했는지 모른다. 그런 원수인 인간을 위해 하나님은 자신의 아들인 예수님을 보내주셨고 십자가에 죽게 하셨다. 그것이 하나님이 보여주신 십자가의 사랑이다. 이런 사랑을 받은 인간은 누구도 원수를 삼을 자격이 없다.

만약 어떤 이유를 불구하고 사람과 원수되는 것은 주님이 죽으신 십자가의 사랑을 거역하는 것임을 기억해야 할 것이다. 크리스천은 어떤 경우라도 사람과의 관계에서 원수가 되면 안 된다. 설사 상대방이 나를 원수로 생각한다 해도 그 사람을 미워하거나 원수로 생각하면 안 된다. 적어도 하나님의 사랑을 받은 우리는 주님같은 마음을 품고 그런 원수를 위해 자신을 희생할 수 있어야 한다. 그것이 위대한 사랑이 아닐까?

CHAPTER 6 인격을 위한
좋은 습관

우리가 아직 죄인 되었을 때에
그리스도께서 우리를 위하여 죽으심으로
하나님께서 우리에 대한 자기의 사랑을 확증하셨느니라 (롬 5:8)

과장하지 말고
있는 그대로 말하라

많은 사람들은 있는 그대로 말하는 것을 잘 못한다. 진실함보다 자기 유익을 위해 과장하는 것은 보통 인간의 모습이다. 왜 그럴까? 그것은 사람이 가진 악함 때문이다. 인간은 본래 자기 중심적인 속성을 가지고 태어났다. 때문에 모든 것을 타인 중심이 아닌 자기 중심으로 말하고 행동한다. 자기에게 해가 되면 언제나 자기에게 유리한 편으로 이야기한다. 이것 역시 습관에서 나온 것이다.

거짓말은 하다 보면 나중에는 나도 모르게 습성이 된다. 그러다 보면 큰 거짓말도 자연스럽게 한다. 있는 그대로 보다는 과장하여 말하게 된다. 이것이 오랜 습관이 되면 거짓말이 익숙하게 된다. 사람들은 평상시보다 부풀려 말하는 습성을 가지고 있다. 모든 사람들에게 이런 습성은 조금씩 있다.

평상시에는 있는 그대로 말하다가도 자기에게 해가 된다고 생각하면 자기 방어적으로 말을 한다. 자기에게 해가 닥치는 상황이 오면 일단 진실을 부정한다. 믿었던 사람에게 이런 일을 당하면 배신감을 느낀다. 그러나 알고 보면 우리 각자는 모두가 이런 가능성을 가지고 있다. 그것은 모든 인간에게 있는 연약함 때문이 아닐까. 그래서 세상에는 진실을 찾기가 어렵다.

사람의 관계는 말로 시작해서 말로 끝난다. 말에 신뢰성이 없으면 그 다음의 일은 진행이 안 된다. 그런데도 사람의 실수 가운데 가장 많은 실수가 말이라는 사실이다.

인격자는 누구인가? 그건 바로 진실을 말하는 사람이다. 그가 얼마나 인격자인지를 알아 보려면 그가 한 말의 진실성을 보면 된다. 물론 온전한 진실함을 인간이 판단하기란 어렵다. 그것은 하나님 앞에서 판단할 일이다.

그럼에도 불구하고 우리는 양심적으로 진실함을 말하도록 힘써야 한다. 물론 그렇게 하는 것이 하루아침에 되는 것은 아니다. 오랜 훈련이 필요하다. 어릴 때부터 진실을 말하는 습관이 안 되면 나중에는 진실을 말하기가 무척 어려워진다. 때문에 진실을 말하기 위해서는 부모가 아이에게 진실을 말하는 훈련을 지속적으로 시켜야 한다.

어떻게 하면 과장하지 않고 진실함을 그대로 말할 수 있을까? 이것을 위해서는 자존감을 가져야 한다. 하나님 앞에서 나의 가치가 대단한 존재라는 인식이 부족하면 늘 거짓말을 할 가능성이 있다. 이것은 하나님에 대한 믿음의 문제와도 연결된다. 하나님을 의식하며 하나님 앞에서 나의 존재를 깨달을 때 진실을 사랑하게 된다.

만약 그렇지 않으면 상황에 따라 계속 나의 존재가 변하게 된다. 거짓말은 남을 속이기 이전에 나를 속이는 행위다. 자신의 모습이 깨어질 때 거짓이 나온다. 거짓된 행위는 나의 일그러진 내면을 보여 주는 바로 미터다.

이것을 해결하는 방법은 작은 것이라도 있는 그대로 말하는 습관을 갖는 것이다. 내가 본 대로 말하고. 잘 알지 못하면 모른다고 말하는 습관은 매우 중요하다. 나도 모르게 과장하는 버릇을 버려야 한다. 비록 작은 것일지라도 있는 그대로를 말하는 훈련이 필요하다. 이것 역시 생각처럼 쉽지 않다.

진실을 말하는 것은 대단히 어렵다. 진실을 말할 때는 항상 두려움이 뒤따른다. 모두가 생각은 가지고 있어도 그렇게 하지 못하는 이유는 그것으로 인해 닥치는 어려움이 있기 때문이다. 진실을 말함으로써 나에게 닥치는 여러가지 두려움을 생각하면 자기도 모르게 과장하거나 진실을 숨기게 된다.

종종 아이들에게 이런 현상이 나타나는 것은 두려움을 극복하는 힘이 없기 때문이다. 이런 사실을 통해 우리는 진실을 말하는 것이 인간의 힘으로 안 된다는 것을 알 수 있다.

진실은 주님이 주시는 힘으로만 가능하다. 말씀에 서로 잡히지 않고는 힘들다. 사람의 말보다 진실된 말씀을 대하는 시간이 많아질 때 이런 유혹에서 벗어날 수 있다. 인간의 의지로는 안 된다. 큰 두려움에 부딪히면 연약한 인간은 거짓과 쉽게 타협할 수밖에 없다.

진리인 말씀과의 지속적인 만남으로 나를 포맷하자. 그러면 진리가 나를 자유하게 할 것이다. 오늘도 "주여! 나를 진리로 자유케 하소서."라고 기도하면서 하루를 살아가자.

약속은 꼭 지켜라

 모든 일은 약속에서 이루어진다. 사람을 만나고, 일하고, 기다리는 모든 것이 약속을 통해 이루어진다. 인간의 죄는 하나님과 맺은 약속을 어기는데서 시작되었다. 약속은 곧 생명이다. 약속을 어기면 인격이 무너진다. 당연히 사람과의 관계도 깨진다.

많은 약속 중에서 시간 약속을 습관적으로 어기는 사람이 있다. 친구들간의 약속에서도, 사업관계로 만나는 사람과의 약속에서도 시간을 지키지 않고 늘 어기는 사람이 있다. 소중한 시간을 생각하면 이것은 정말 무례한 일이다.

나의 시간을 소중하게 여기는 사람은 다른 사람의 시간도 소중하게 여긴다. 그러나 나의 시간을 허비하는 사람은 다른 사람의 시간을 도적질하기 쉽다. 이것도 버릇이다.

사람의 인격은 시간 약속에서 자연스럽게 드러난다. 우리는 보통 시간을 정하고 사람과 만난다. 학교와 직장의 일을 보아도 시간 약속을 하고 그것을 지킨다. 만약 시간 지키는 것이 무너진다고 생각해 보라. 그 순간 모든 질서가 한순간에 무너진다. 선진 사회는 시간을 잘 지키는 사회다. 좋은 인격자는 시간을 잘 지킨다.

시간을 지키는 것은 습관이다. 시간을 어기는 사람은 학교에서나 직장에서나 친구 속에서나 늘 정해져 있다. 거의 평생 그렇게 사는 사람이 있다. 왜 그럴까? 자기도 모르게 습관으로 배었기 때문이다.

그 사람의 인격을 볼 수 있는 간단한 방법은 그 사람과 약속을 해 보면 안다. 먼저 나와 기다리는가, 아니면 늘 시간에 늦는가. 나는 어느 쪽인가? 시간을 지키는 것은 상대방의 인격과 약속에 대한 신뢰감을 행동으로 표시하는 것이다.

생각해 보라. 약속한 상대방이 귀한 사람이라고 생각하면 늦을 수 없다. 중요한 시험을 치루는 면접 시간에 늦는 법은 없다. 미리 와서 기다린다. 상대방에 대한 나의 자세는 시간 약속을 얼마나 잘 지키느냐에 달려 있다. 중요한 모임에는 늦지 않는다. 하지만 그렇지 않는 모임에는 오히려 늦게 간다.

세상에서 사람보다 더 중요한 것은 없다. 그 사람과 만나는 첫 번째 약속이 시간이다. 요즈음에는 교통 상황 등으로 인하여 정확한 시간을 지키는 것이 어렵다고는 하지만 그것이 습관화되면 나중에는 생각지 않는 큰 손해를 보게 된다.

　나는 어느 쪽인가? 한번 곰곰이 생각해 보고 약속을 잘 안 지키는 편에 속한다면 왜 그런지 그 이유를 생각해 보자. 사람을 대하는 나의 자세와 모습을 점검하자. 그리고 스스로 나의 인격의 점수를 매겨 보자.

한 사람을 소중하게 여겨라

어느 겨울이었다. 시카고 근교의 천체 연구소에서 근무하던 찬드라세카르 박사는 시카고대학교로부터 겨울방학 동안 고급 물리학에 관한 특강을 해달라는 전화가 받고 흔쾌히 승낙했다. 그러나 며칠 후 학교 측에서는 단 두 명만 등록했기 때문에 강의를 취소할 수밖에 없다는 통보를 했다. 그런데 학생들에 대한 정보를 접한 찬드라세카르 박사는 학생 수가 적은 것은 상관없으니 강의를 하겠다고 통보했다. 그는 눈보라와 차가운 바람을 헤쳐가면서 두 시간 정도 떨어진 거리를 달려 일주일에 두 번씩 단 하루도 빠짐없이 강의를 했다.

그로부터 10년이 지났다. 1957년 노벨 물리학상의 수상자로 중국계 미국 과학자 리정다오와 양전닝이 결정되었다. 이 두 사람은 상을 받고서 감회 어린 회고를 했다. "우리가 상을 받게 된 결정적 이유는 우리 두 사람을 앞에 놓고 열정적으로 강의하셨던 찬드라세카르 박사님 때문입니다." 그리고 그들을 가르쳤던 찬드라세카르 역시 16년 후인 1983년 '별의 진화연구'에 관한 업적으로 미국의 W. 파울러와 함께 노벨물리학상(1983)을 받았다.

사람보다 귀한 존재는 없다. 아무리 꽃이 아름답다 해도 사람보다 아름답지는 않다. 나는 올림픽 경기를 볼 때마다 느끼는 점이 하나 있다. 운동 경기를 하는 다양한 사람들의 모습은 놀랍기도 하고 또한 아름답다. 올림픽 금메달 리스트였던 김연아 선수의 피겨 경기를 보면 마치 한편의 그림을 보는 것 같다. 이것은 나뿐만 아니라 보는 모든 사람들의 공통적인 생각일 것이다.

한 사람의 위대함은 말로 다할 수 없다. 세계의 역사는 한 사람의 역사다. 모든 것은 한 사람에게서 시작된다. 하나를 무시하면 아무것도 못한다. 하나를 소중하게 여길 때 우리는 놀라운 것을 이룰 수 있다. 수많은 사람들이 있다 해도 나 하나가 존재해야만 그 수많은 사람은 의미가 있다. 나 한 사람이 빠지면 그것은 나와 상관없는 일이 된다.

예수님은 온 인류를 위해서 십자가에 죽으셨다. 하지만 예수님은 나 하나를 위해서 죽으신 것이나 다름없다. 우리는 그 사실에 감동한다. 언제부터인지 모르지만 우리는 하나의 가치를 잃어버렸다. 그러면서 많은 수에만 집착하며 그것에 환호를 하는 사람이 되었다. 물질적인 가치관이 우리의 삶을 지배하면서 이런 현상은 더 심해지고 있다.

하나를 소중하게 생각하는 것도 훈련과 습관을 통해 이루어진다. 많은 수를 대하다 보면 작은 것을 무시하게 된다. 그것은 나도 모르게 그것이 습관이 되어 버렸기 때문이다. 그러다가 어느 날 그것이 잘못되었다는 것을 깨닫고는 나를 찾는 경우가 있다.

예수님은 수많은 사람들 속에서 기적을 행하셨다. 예수님 주위에는 늘 많은 사람들이 따라다녔다. 5천 명을 먹이는 기적을 베푼 후에 사람들은 예수님을 자기들의 왕으로 삼으려고 했다. 이것을 아신 예수님은 함께했던 제자들을 갈릴리 저편으로 떠나게 하셨다. 그리고 자신도 한적한 곳으로 피하셨다. 혼자 있는 시간을 가짐으로써 이런 유혹에서 벗어나셨다. 예수님은 100마리의 양들 속에서도 언제나 잃어버린 한 마리 양을 찾는데 소홀히 하지 않으셨다.

우리도 이런 습관이 필요하다. 하나를 소중하게 여기는 습관을 몸에 배도록 해야 한다. 그렇지 않으면 어느 날 나도 모르게 타락하게 된다. 한 사람의 가치를 잃어버리는 그 순간이 가장 위험하다. 다윗에게는 많은 첩들이 있었다. 그러나 그는 그것에 만족하지 않고 우리야의 하나밖에 없는 아내 밧세바를 훔쳤다. 다윗은 그 일로 인해 인생 후반전을 힘들게 살았다.

작은 것에 충성할 때 하나님은 많은 것을 주신다. 한 사람의 가치를 중요하게 생각하고 그것을 사랑하도록 하자. 그 한 사람에 헌신한다면 거기서 위대함은 시작된다.

자신에게 엄격하라

 우리는 세상을 살면서 많은 사람들을 만난다. 그런 사람들 중에는 마음에 드는 사람도 있지만 그렇지 않은 사람도 있다. 모든 사람이 다 마음에 들 수는 없다. 이것은 상대방이 나를 생각할 때도 마찬가지다.

사람이 가진 가치관과 살아온 경험은 각자 다르다. 그런 이유로 상대방을 잘 이해하지 못할 때가 많다. 언제나 사람은 자기 경험과 지식의 한계를 넘지 못한다. 그 안에서 사람들을 바라보고 대할 수밖에 없다. 이것은 모든 사람이 갖는 어쩔 수 없는 한계다.

사람을 대하면서 자칫 잘못하면 죄를 범할 수 있다. 그것은 바로 자기의 관점에서 상대방을 바라보기 때문이다. 거기에는 늘 문제가 있을 수밖에 없다. 우리는 이런 사실을 알고 신중하게 사람을 판단해야 한다. 성경은 사람을 함부로 비판하지 말라고 가르치고 있으며 나중에 그 비판으로 자신이 비판을 받을 것이라고 경고하고 있다.

이런 사실을 안다면 우리는 사람을 정죄하고 비난하는 일을 조심해야 한다. 가능하면 하지 않는 것이 좋다. 상대방에 대해서 우리는 모르는 것이 너무 많기 때문에 외적으로 나타난 몇 가지 정황과 소문만으로 함부로 옳고 그름을 판단하는 것은 금물이다.

이상하게 남을 정죄하고 비난하는 사람은 늘 그런 일에 열심이다. 이것도 일종의 습관이다. 한번 물들이면 모든 것을 그렇게 보기에 비난을 계속한다. 자기를 돌아보는 것보다 다른 사람을 보는데 열심하다 보면 이렇게 된다.

예수님의 산상수훈에 이런 말씀이 있다. "어찌하여 형제의 눈 속에 있는 티는 보고 네 눈 속에 있는 들보는 깨닫지 못하느냐." 이것은 다른 사람의 티끌을 보려하기보다는 자신의 대들보를 먼저 보라는 말씀이다. 이것을 해결하는 한 방법으로는 다른 사람보다 자신을 더 엄격하게 하는 훈련을 해야 한다. 왜냐하면 자신 안에 있는 죄가 더 크기 때문이다.

그러나 대부분의 사람들은 그렇지 못하다. 다른 사람에 대해서는 엄격한 반면 자신에 대해서는 관대하다. 이런 저런 이유를 들어서 자기 합리화를 한다. 결국 그 사람은 늘 상대방의 잘못을 들추어내는 삶을 살게 됨으로써 상대방뿐만 아니라 자신도 피폐하게 된다.

한 가지 사실을 꼭 기억하라. 우리는 보는 대로 본다. 무슨 말인가? 내가 보는 범위에서만 본다는 말이다. 전체를 보지 못하고 부분만 보고 판단하는 것은 합당하지 않다. 그것은 잘못될 가능성이 더 많다. 비판하는 것을 줄이기 위해서는 우리의 시야를 넓히는 것이 중요하다. 보는 눈이 좁을수록 쉽게 판단한다.

만약 그 중심까지 바라볼 수 있다면 나타나는 행동 하나만 가지고 쉽게 정죄하지 않는다. 더 나아가 하나님의 눈으로 보면 생각이 많이 달라지게 된다. 하나님이 정죄하지 않는 사람을 우리가 나서서 정죄하는 경우가 얼마나 많은지 모른다. 그것은 하나님의 넓은 시야를 가지지 못했기 때문이다.

이것을 해결하는 방법으로써는 다른 사람을 바라보기 전에 먼저 자신을 돌아보는 습관을 갖는 것이다. 다른 사람의 잘못이 드러났을 때는 그것을 기회로 자신을 돌아보면 좋을 것이다. 자신에 대해서 엄격하면 다른 사람에 대해서도 함부로 평가하는 일이 줄어들 것이니 말이다. "죄 있는 자가 돌을 쳐라"는 주님의 말씀은 바로 이런 경우를 두고 한 말이 아닐까.

다른 사람에게
자비를 베풀어라

성경에는 하나님과 인간의 이야기가 가득하다. 성경은 하나님에 대해 이야기하면서 한결같이 하나님의 자비로운 모습만을 보여 준다. 물론 공의 하나님을 말한다. 마지막도 언제나 하나님의 자비로 끝을 맺는다.

구약성경은 하나님의 공의와 자비의 두 축을 가지고 이야기가 진행된다. 언뜻 보면 구약성경은 하나님의 공의가 많이 나오는 것 같다. 그런 이유로 구약은 우리에게 무겁게 다가온다. 인간의 죄악성을 지적하는 내용이 많다. 그리고 그 죄의 대가로 하나님의 심판이 이루어진다.

그러나 후반부에는 늘 하나님의 자비가 드러난다. 하나님의 심판은 자비를 전제로 한 심판이다. 하나님의 심판 속에는 구원과 사랑이 포함되었다. 이것을 읽지 못하면 구약의 하나님을 잘못 이해한 것이다. 하나님은 패역한 이스라엘 백성을 계속하여 심판하시지만 그것은 하나님의 자비로운 행위의 또 다른 표현이다.

부모는 자녀가 잘못하면 매를 댄다. 부모가 때리는 매는 사랑의 매다. 결국은 자녀를 올바른 곳으로 돌아서게 하기 위함이다. 하나님의 자비가 없었다면 인간은 모두 멸망했다. 예수님이 인간을 위해서 십자가에서 죽으신 그 행위는 하나님의 무한한 자비를 보여 주는 대표적인 사건이다. 자비는 행위에 근거한 것이 아니다. 그럼에도 불구하고 죄를 지은 그를 사랑하는 것이 자비다. 바울은 하나님의 자비로움에 대해서 이렇게 말한다.

"우리가 아직 연약할 때에 기약대로 그리스도께서 경건하지 않은 자를 위하여 죽으셨도다" (롬 5:6)

"우리가 아직 죄인 되었을 때에 그리스도께서 우리를 위하여 죽으심으로 하나님께서 우리에 대한 자기의 사랑을 확증하셨느니라" (롬 5:8)

크리스천이 다른 사람에 대해서 가져야 할 습관 하나가 있다면 그것은 자비로움이다. 사람에게 자비로움이 부족하면 강퍅해지기 쉽다. 인간은 본래 자기 중심적이다. 다른 사람을 잘 헤아리지 못하는 특성을 지니고 있다. 특히 힘없고 약한 자에 대해서 무시하고 위세를 부리기 쉽다. 이것은 매주 위험한 일이다.

하나님은 그런 약한 자를 위해 죽으셨고 그들의 기도를 들으신다는 사실을 기억해야 한다. 그 사람이 인격적인 사람인지를 보려면 작고 초라한 사람을 어떻게 대하는 가를 보면 금방 그의 인격을 알 수 있다.

한걸음 더 나아가 나를 비난하고 나에게 해를 끼친 사람에게 자비로움을 가진다면 그것은 하나님의 마음을 품은 사람임에 틀림없다. 왜냐하면 그런 마음과 자세는 인간의 힘으로는 본래 불가능한 일이기 때문이다. 하나님이 은혜를 주시지 않으면 본래 인간은 이런 행동을 할 수가 없다.

혹시 나에게 이런 사람들이 주위에 있거든 그들에게 가능한 자비를 베풀도록 하자. 그것은 내가 하나님께 자비를 받는 방법이다. 자비로운 사람에게 하나님은 자비를 베푸신다. 오늘도 나는 하나님의 자비가 없으면 살아갈 수 없는 존재다. 그것을 안다면 자비를 베푸는 일에 인색하지 말자. 오히려 자비를 베풀 수 있는 기회를 주신 것에 감사하고 적극적으로 자비를 실천하도록 하자.

왜 하필이면 이런 사람과 관계를 맺었는가에 의문을 품지 말고 오히려 나에게 특별한 기회를 주신 것에 감사하면서 그들을 새롭게 바라보자. 그들을 통하여 나의 옛사람의 모습을 바라보면 유익이 된다. 설사 악한 모습이 보이더라도 그들을 악으로 보지 말고 선으로 바라보자. 하나님을 알기 전에 나의 모습인 것을 생각하면 그렇게 미워지지 않을 것이다.

또 다른 나의 모습을 투영하면서 그들을 불쌍히 여기고 그들을 사랑으로 대하도록 하자. 우리는 그런 일을 실천하면서 비로소 하나님의 마음에 한걸음 다가서게 된다. 기억하라. 자비는 자비를 베풀면서 배우게 된다는 사실을……. 자비는 지식이 아닌 경험으로 얻어진다. 쉽지 않아도 조금씩 실천해 보자. 우리의 생활을 거룩한 습관으로 점차 길들여 가자.

07

CHAPTER 7 행복을 위한
좋은 습관

내 형제들아

너희가 여러 가지 시험을 당하거든 온전히 기쁘게 여기라 (약 1:2)_____

하루를 하나님의 말씀과
기도로 시작하라

 평생을 잘 살려면 하루를 잘 살아야 한다. 오늘 하루가 앞으로 다가올 미래다. 하루를 성공해야 평생을 성공할 수 있다. 어떻게 하면 하루를 성공할 수 있을까?

특히 그리스도인들이 하루를 성공하는 방법은 간단하다. 하루를 하나님의 말씀과 기도로 시작하는 것이다. 이것을 위해서는 아침을 잘 보내야 한다. 한국교회는 새벽기도에 열심이다. 새벽기도는 하루를 시작하는 시간이라는 점에서 중요한 시간이다. 하루를 시작하기 전에 말씀과 기도로 준비하고 시작하는 습관은 아주 좋은 것이다.

왜 하루를 말씀과 기도로 시작해야 할까?

그것은 인간의 생각이 부족하기 때문이다. 사람의 판단과 결정이 얼마나 문제가 있는지는 경험한 사람들은 이해가 잘 될 것이다. 나름대로 옳다고 생각하며 판단한 행동에 대해 후회할 때가 많다. 인간의 판단은 근시안적이다. 더구나 욕심이 들어가면 판단력은 흐려진다.

우리는 살아가면서 결정해야 할 일에 많이 부딪친다. 사람을 만나면서, 아니면 업무를 통해서 결정하는 일이 산적해 있다. 그런데 그중에 하나라도 잘못 결정하면 평생을 후회하게 된다. 열 번 잘 하다가도 한 번 잘못하면 모든 것이 파산으로 갈 수 있다. 특히 사업을 하는 사람은 한 번의 판단 실수로 한순간에 부도로 가는 예가 많다.

사람은 늘 실수가 많다. 어느 누구도 자신할 수 있는 사람은 아무도 없다. 특히 하나님을 믿는 크리스천은 인간의 뜻이 아닌 하나님의 뜻에 맞는 삶을 살아야 한다는 점에서 더욱 그렇다. 이렇게 보면 하나님 앞에서 성공적인 삶을 산다는 것은 결코 쉬운 일이 아니다. 이것을 해결할 수 있는 길은 하나님과의 만나는 시간을 습관적으로 갖는 것이다.

우리는 영이신 하나님을 어떻게 만날 수 있는가?

그것은 말씀과 기도를 통해서만이 가능하다. 말씀을 통해서 하나님의 뜻을 발견하고, 그 뜻을 실천할 수 있는 힘을 달라고 기도하는 것은 크리스천의 삶에서 필수적이다. 특히 하루를 시작할 때 이런 시간을 갖는 것은 매우 중요하다. 더구나 중요한 일을 하는 사람일수록 이것은 더욱 필요하다.

미국의 16대 대통령이었던 링컨은 백악관에서 늘 성경을 읽었고 기도하면서 국정을 시작했다고 전해진다. 성경을 읽는 것은 그의 정해진 일과였는데 국빈이 방문할 때도 어김없이 성경을 읽었고, 성경 읽기를 마친 후에 접견을 했다고 한다. 결국 그것이 링컨을 성공하게 만든 요인이 되었다. 그의 이런 습관은 그가 행한 연설문에 고스란히 배여 있다. 대부분의 연설문을 보면 모두 성경을 인용하고 있다.

오늘 우리도 하루를 시작할 때 말씀과 기도로 시작한다면 하나님을 동반자로 삼고 하루를 살 수 있다. 혼자 살면 실패한다. 그러나 주님과 함께하면 성공한다. 하루의 길을 안내 받고 살아가면 두렵지 않다. 하루의 나침반을 알 수 있는 길은 오직 하나다. 나를 만드시고 끝까지 책임지는 하나님이 알려 주셔야 된다.

내가 가는 길은 내가 알 수 없다. 오직 주님만이 나의 길을 아신다. 인간은 당장의 내일 일을 모른다. 모르면서도 용감하게 사는 사람이 많다. 그래서 그들의 길은 늘 불안하다. 성공의 길을 가면서도 불안한 이유가 여기에 있다.

그러나 주님이 인도하시는 길을 간다면 두려울 것이 없다. 그 길을 안내 받는 시간이 바로 아침에 말씀을 듣고 기도하는 때다. 급할 때 어쩌다 한 번 하는 것으로는 하나님의 음성을 들을 수 없다. 정기적으로 시간을 정하여 하나님과 만나는 시간을 습관적으로 가질 때만이 세미한 주님의 음성을 들을 수 있다. 거룩한 습관으로 나의 시간을 자리 잡도록 해야 할 것이다. 여기에서 크리스천의 성공과 실패가 결정된다. 아무리 바빠도 하루를 시작하기 전에 이 시간을 온가족이 가지면 더욱 좋다. 이것이 잘 안 되면 혼자서라도 하루를 시작하기 전에 10분이라도 시간을 내어 보자. 몸 건강을 위해 운동 시간은 꼭 가지면서 이 시간을 등한시한다면 잘못된 일이다. 특히 자녀들에게는 이것이 어릴 때부터 습관으로 자리 잡도록 하면 좋을 것이다.

주님의 음성을 듣고 하루를 시작하면 힘이 날 것이다. 비록 어려운 일이 산적해 있다 할지라도 주님의 안내를 받으면 그 어려움을 이길 수 있다.

소중한 것부터 먼저 하라

우리는 하루에 수많은 일을 대한다. 하지만 그 많은 일을 다 할 수 없다. 어차피 그 일 중에서 중요한 일을 먼저 해야 한다. 우리에게는 무엇이 중요한 지를 골라내는 지혜가 필요하다. 우리는 하루를 시작할 때 늘 이런 고민을 한다.

"오늘 하루의 일과 중에 무엇을 먼저 할 것인가?"

물론 모두 다 자기가 소중하다고 생각하는 일을 우선순위로 정하여 그것을 먼저 한다. 그러나 문제는 그것이 정말 소중한 것인가 하는 것이다. 많은 일들 중에 가치없는 일을 할 때가 많다. 본인에게는 그것이 가장 소중한 일이겠지만 객관적으로 볼 때는 그것이 좋은 일이 아닐 수 있다. 그럼에도 불구하고 그것을 자신이 모르면 여전히 그것이 소중하다고 생각하면서 평생 동안 그 일에 매달리게 된다.

아침에 눈뜨면 오직 주가가 오르는 일에 관심을 두는 사람이 있다. 자나 깨나 오직 그 생각뿐이다. 또 하루가 시작되면 경마장으로 달려가는 사람들도 있다. 아니면 게임과 도박에 빠져 있는 사람들이 있다. 하지만 그것은 소중한 일이 아니다. 안 해도 될 일을 그들은 가장 소중하다고 생각하고 있는 것이다.

소중한 일이 무엇인지를 판단하는 것은 지혜다. 우리는 이것을 달라고 기도해야 한다. 인생 속에서 가장 우선적인 일이 무엇인지 그것을 하면서 살아야 하는데 많은 사람들은 그렇지 못하다. 오히려 가장 소중한 일을 나중에 하고 비본질적인 것을 가장 먼저 하는 경우가 많다.

한번은 예수님이 제자들에게 말씀하셨다. 먹고 마시고 입는 의식주 문제에만 매여 있는 세상 사람들을 비교하면서 제자들에게 그런 것으로 염려하지 말라고 가르치신다.

만약 먹고 마시고 입는 것에서 인생의 의미를 찾는다면 그것은 동물과도 같은 삶이다. 그것은 하나님이 우리를 선택한 이유가 아니다. 물질적인 것을 얻기 위해 인간이 존재한다면 오늘 죽으나 내일 죽으나 크게 다를 바가 없다. 설사 오래 산다고 해도 그것은 큰 의미가 없다.

예수님이 제자들을 선택한 것은 하나님의 나라를 건설하는 일을 위해서이다. 그래서 "먼저 그의 나라와 의를 구하라"고 말씀하셨다. 제자들에게 가장 소중한 것은 하나님의 나라와 의를 구하는 일이다. 그것을 위해서 먹고 마시는 것이다.

218

우리는 하루를 살면서 오늘 가장 중요한 일이 무엇인지를 생각하며 그 일을 우선적으로 하는 습관을 가져야 한다. 사람마다 소중한 것은 다르다. 하나님이 맡겨 주신 사명이 다르기 때문이다. 소중한 것을 어느 것 하나로 규정짓는 것은 어렵다. 그러나 한 가지 지침을 삼을 수 있는 것은 있다. 그것은 사람의 생명이다. 이것보다 소중한 것은 세상에 없다. 아무리 일이 중요해도 사람보다 중요하지 않다. 아무리 의식이 중요해도 사람보다 우선 될 수 없다. 일보다 사람이 우선이다.

그런데 우리는 사람보다 일을 우선으로 선택하는 경우가 많다. 비록 일의 성과가 없다 해도 사람을 살리는 것에 우선을 두는 것이 크리스천이 해야 할 모습이다. 예수님은 사람을 살리기 위해서 이 세상에 오셨고 자신의 모든 것을 바치셨다. 무엇을 말하는가? 세상에서 사람을 위해 목숨을 바치는 것보다 소중한 일은 없다는 것을 말한다. 생명을 구하고 사람을 위하는 일을 하루 중에 가장 소중한 일로 삼는다면 무엇을 먼저 해야 할지 판단을 할 수 있다.

예수님은 안식일의 주인은 사람이며, 안식일에 생명을 구하는 일이 우선이라고 말씀하셨다. 당시 유대인들은 이 우선순위를 몰라서 죄를 범했다. 사람보다 그들이 만든 법규와 전통을 우선으로 삼았다. 오늘도 우리가 이런 우를 범하지 않는지 살펴보아야 할 것이다.

오늘 하루 중에 나에게 가장 소중한 일은 무엇인가? 기도하면서 생각해 보자. 나의 인생에서 가장 소중한 일은 무엇인지, 그것을 위해서 오늘 하루를 살아가는지 내 자신을 진솔하게 돌아보자.

기본기를 계속 다져라

아이패드로 선풍을 일으킨 애플사의 최고 경영자 스티브 잡스 (Steve Jobs)는 창의력의 대가로 알려져 있다. 그는 미혼모의 아들로 태어났고, 돈이 없어 대학도 중퇴했다. 양부모의 헌신으로 리드 대학교에 입학하지만 더 이상 뒷바라지를 받기가 부담스러워 자퇴했다.

잡스는 자신이 세운 회사에서도 해고되었고, 췌장암에 걸려 인생을 마감할 뻔하는 등 생과 사를 넘나드는 세상과의 싸움 같은 것들이 그를 늘 괴롭혔다. 결국 그는 건강상태가 악화되어 2011년 10월 5일 56세의 나이로 사망했다. 그는 리드대학을 자퇴하고 청강생 신분으로 서체학 (書體學)을 공부했다. 그것이 매킨토시를 낳았다. 그리고 사람에 대한 사랑이 아이팟, 아이폰, 아이패드로 이어지는 IT혁명을 이루었다.

잡스는 "사람들이 기술을 따라잡으려 애썼지만 사실은 기술이 사람을 찾아와야 한다"면서 인문학의 중요성을 강조했다. 그는 아이패드나 컴퓨터의 기술은 결국 인문학과 사람을 사랑하는데서 나온다는 것이다. 그가 이런 생각을 갖게 된 것은 많은 고난을 통해 다져진 인생과 사람에 대한 기본적인 이해가 뒷받침되었기 때문이다. 우리가 그렇게 강조하는 창의성과 실용성과 기술력은 결국 인문학과 같은 기본에 충실할 때 생겨난다는 것을 보여 준다.

모든 것을 이루는 기본은 사람이다. 사람이 바르지 못하면 아무것도 이룰 수 없다. 설사 이루었다 해도 그것은 오래가지 못한다. 사람이 성공하고서도 무너지는 이유는 인격이 안 되었기 때문이다. 가장 기본인 인격이 갖추어지지 않으면 다른 것을 아무리 잘해도 물거품처럼 사라진다. 그래서 교육에서도 가장 중요한 부분이 인성이다.

기본기는 평생 동안 다지는 것이다. 처음 얼마동안 하고 그만두는 기본기는 기본기가 아니다. 기본기는 수시로 연습하고 훈련하고 다져야 한다. 축구를 잘하기 위해서는 패스가 기본이다. 패스가 안 이루어지면 아무 작품도 만들 수 없다. 패스가 무너지면 어떤 문전 기술도 의미가 없다. 그래서 축구 선수들이 훈련하는 것을 보면 늘 패스 연습을 한다. 개인적으로는 드리블 연습을 한다. 이것은 인생에도 그대로 적용된다. 인생을 사는데 기본이 있다. 그것들을 찾아서 다지고 확고하게 나의 것으로 만들어야 한다.

신앙의 기초는 성경이다. 성경이 무너지면 모든 것이 무너진다. 그래서 문제가 생기면 늘 외치는 구호가 있다. 그것은 "성경으로 돌아가자"는 말이다. 그것을 다른 말로 하면 근본과 기본으로 돌아가자는 것이다. 이것은 기본이 얼마나 중요한지를 보여 주는 좋은 예다.

성공과 실패는 얼마나 기본기가 튼튼하느냐에 달려 있다. 책을 읽을 때도 늘 기본서를 수시로 읽어야 한다. 전공과목을 보면 개론서가 있다. 이것은 매우 중요한 책이다. 개론서는 한 번으로 끝나는 것이 아닌 수시로 읽는 책이다. 그런데 많은 사람들은 이것을 잘 모른다. 그러면서 새로운 것만 추구한다.

인생의 행복도 마찬가지다. 행복은 멀리서 있는 것이 아니다. 아주 가까운 곳에 있다. 가까운 곳이란 기본을 말한다. 밖에서 아무리 유명한 명성을 얻었고 인정을 받았다 해도 집안에서 가족에게 인정을 받지 못하면 그는 실패한 사람이다. 그것이 이루어지지 않으면 행복하지 않다. 이것은 모든 곳에 적용되는 보편적인 진리다. 마음이 행복하지 않으면 아무리 겉모양을 그럴사하게 치장한들 그것이 나를 행복하게 하는 것 아니다.

지금이라도 기본을 찾아라. 그리고 그 기본을 다시 세워라. 기본은 매일 하고 있는 것들이다. 비록 작은 것이지만 시작점이 되는 그것을 다져나가고 튼튼히 하라. 그러면 당신도 머지않아 놀라운 힘을 발휘하게 될 것이다. 위대한 천재들을 보면 모두가 기본기에 충실한 사람들이다. 발명을 잘하기 위해서는 수많은 교양과 인문학과 역사와 종교와 철학의 기초가 튼튼해야 가능하다. 그것 없는 발명은 모방에 불과하다.

인생에서 성공의 비결은 기본을 잘 다지는데 있다. 사람을 무시하는 사람은 기본이 잘못된 사람이다. 그 사람은 아무것도 이룰 수 없다. 그런데 그것을 모르고 앞을 향해 달려가는 사람들이 얼마나 많은지 모른다. 정말 안타까운 일이다. 정말 성공하고 싶은가? 그렇다면 먼저 삶의 기본이 무엇인지를 찾아 그것에 집중하라.

고난과 위기를 즐겨라

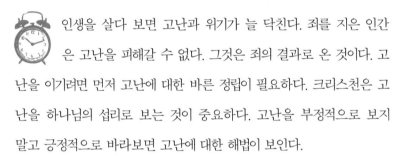인생을 살다 보면 고난과 위기가 늘 닥친다. 죄를 지은 인간은 고난을 피해갈 수 없다. 그것은 죄의 결과로 온 것이다. 고난을 이기려면 먼저 고난에 대한 바른 정립이 필요하다. 크리스천은 고난을 하나님의 섭리로 보는 것이 중요하다. 고난을 부정적으로 보지 말고 긍정적으로 바라보면 고난에 대한 해법이 보인다.

사람을 만나 보면 고난 없는 사람은 없다. 겉으로 보기에는 행복하고 아무 문제가 없는 것 같아도 사람마다 각자 아픔을 갖고 있다. 나에게 없는 것이 상대방에 있다고 해서 그를 부러워하지만 그는 오히려 나를 부러워 할 수도 있다. 왜냐하면 나는 그가 가지지 못한 것을 가지고 있기 때문이다.

이런 면에서 보면 하나님은 공평하시다. 인간이 볼 때 하나님은 불공평하시지만 하나님은 그렇지 않다. 모든 인간을 사랑하신다. 어떤 한 사람을 편애하시지 않는다. 그럼에도 사람들은 "왜 나만 이렇게 고통을 당하게 하느냐"고 하면서 불평과 원망을 한다.

하지만 그렇지 않다. 고난이 나에게 닥치는 것은 그럴만한 이유가 있다. 그 이유를 알고 나면 오히려 마음이 편하다. 나를 더 좋은 곳으로 인도하기 위해서 고난을 허락한다고 하면 우리는 그 고난을 그대로 받아들여야 한다. 오히려 고난을 즐기는 것이 현명하다. 하나님이 나에게 주신 축복의 선물이기 때문이다.

고난으로 유명한 사람이 성경에 나온다. 그는 욥이다. 우리가 아무리 고난을 당해도 욥처럼 고난을 당한 사람은 그리 많지 않다. 욥은 그렇게 많던 재물과 사랑스러운 가족을 모두 잃었다. 그리고 자신은 병이 들어서 생일을 저주할 정도로 고통 가운데 지낸다. 어디를 보아도 희망이 없는 절망의 상황에 처한다. 그러나 욥은 그 상황을 어떻게 극복했는가?

"욥이 일어나 겉옷을 찢고 머리털을 밀고 땅에 엎드려 예배하며 이르되 내가 모태에서 알몸으로 나왔사온즉 또한 알몸이 그리로 돌아가올지라 주신 이도 여호와시요 거두신 이도 여호와시오니 여호와의 이름이 찬송을 받으실지니이다 하고 이 모든 일에 욥이 범죄하지 아니하고 하나님을 향하여 원망하지 아니하니라" (욥 1:20-22)

참으로 놀라운 모습이다. 어떻게 이런 모습을 지닐 수 있을까? 오히려 자기에게 닥친 고난과 위기를 즐기고 있는 모습을 본다. 물론 인간적으로 쉽지 않겠지만 욥은 믿음으로 그것을 승화시켜 잘 극복하는 것을 본다. 심지어 그의 아내가 그에게 와서 이렇게 말했다.

"당신이 그래도 자기의 온전함을 굳게 지키느냐 하나님을 욕하고 죽으라."

그러자 욥은 이같이 대답했다.

"그대의 말이 한 어리석은 여자의 말 같도다. 우리가 하나님께 복을 받았은즉 화도 받지 아니하겠느냐."

세상 사람들에게는 일어날 수 없는 일이다. 하지만 그리스도인은 모든 것이 하나님으로부터 왔다고 믿기에 이런 경우에도 하나님을 신뢰하고 고난을 그대로 받아들이는 것이 지혜로운 행동이다. 욥은 이것을 잘 참고 이겼다. 하나님은 그에게 갑절의 복을 허락하셨다. 고난 받기 이전보다 더 큰 선물을 가족과 욥에게 내리셨다.

고난은 인간에게 필수과목이다. 어떤 사람은 고난을 선택과목으로 생각하고 고난이 닥치지 않기를 소원하고 그것을 의도적으로 피한다. 고난의 길보다는 편한 길을 간다. 그러나 편한 길을 가는 것은 인간에 대해 잘 모르기 때문에 그러는 것이다. 하나님이 주신 삶은 그냥 이 세상에서 잘 먹고 편안하게 지내는 것에 있지 않다. 그것은 동물의 삶이다. 하나님이 주신 삶은 하나님의 뜻을 행하는 사람으로, 하나님이 보실 때 합한 사람으로 살아가는데 목표가 있다.

내가 하나님의 뜻을 행하는 사람으로서 살려면 그냥 안 된다. 나를 쳐서 복종시키는 연단을 거치지 않으면 하나님의 일에 사용이 안 된다. 나에게 있는 죄를 제거하지 않으면 나를 선한 도구로 사용할 수 없다. 나의 죄를 제거하기 위해서 불같은 연단의 과정은 필수다. 하나님이 나를 연단하여 하나님의 사람으로 만들기 위한 과정에서 고난이 닥쳤다면, 우리는 그것을 받아들이고 즐기는 것이 현명하다.

지금 고난과 위기가 있는가? 그 어려움만 바라보지 말고 그것을 통하여 주실 하나님의 축복을 기대하라. 그러면 고난 당한 것이 나에게 유익이 될 것이다. 이것을 습관화하라. 고난은 쉬지 않고 인생 마지막 순간까지 닥친다. 고난에서 피하려고 생각하는 그것 자체가 위험하다. 하루 빨리 고난을 이기는 비결을 터득하는 것이 유익하다. 그러면 고난이 다가오는 것을 두려워하지 않게 될 것이니 말이다.

"내 형제들아 너희가 여러 가지 시험을 당하거든 온전히 기쁘게 여기라" (약 1:2)

"그러므로 너희가 이제 여러 가지 시험으로 말미암아 잠깐 근심하게 되지 않을 수 없으나 오히려 크게 기뻐하는도다 너희 믿음의 확실함은 불로 연단하여도 없어질 금보다 더 귀하여 예수 그리스도께서 나타나실 때에 칭찬과 영광과 존귀를 얻게 할 것이니라" (벧전 1:6-7)

어려울 때는 질문을 하라

 문제가 있다는 것은, 곧 답이 있다는 뜻이다. 인생에 문제가 있
으면 분명히 해답이 있다. 해답이 없는 문제는 없다. 선생님이
시험문제를 출제할 때 답 없는 문제를 주지 않는다. 문제를 출제할 때
는 이미 답을 가지고 있다.

그러면 왜 학교에서 시험을 치르게 하는가?

그것은 학생들로 하여금 문제 푸는 능력을 키워서 어떤 시험문제를
받아도 능히 해결하도록 힘을 기르기 위해서다. 이렇게 보면 시험은 좋
은 것이다. 하지만 대부분 학생들은 시험을 싫어한다.

공부를 한 사람은 오히려 시험을 즐긴다. 그들은 시험을 기다린다.
왜냐하면 그동안 자기가 공부한 것에 대한 평가를 받을 수 있기 때문
이다. 그런 시험을 통해서 자신의 실력이 향상된다. 시험이 없으면 자신

의 진정한 실력을 발견할 수 없다. 시험을 보지 않으면 실력은 더 이상 자라지 않고 그 자리에 맴돈다.

인생도 마찬가지다. 시험이 닥치는 것은 인생을 성장시키기 위함이다. 그렇다면 어려운 문제가 봉착했을 때 우리는 그것을 해결하려고 노력해야 한다. 마음과 생각을 동원하여 그 문제를 풀려고 하다 보면 스스로 문제 해결력이 생긴다.

어려운 문제를 푸는 방법 중에 하나는 질문하는 것이다. 계속 질문하다 보면 방법이 생긴다. 다양한 질문을 하다 보면 문제가 드디어 보이기 시작한다. 그래서 질문이 중요하다. 우리는 질문하면서 문제의 본질을 보게 된다. 겉에 나타난 문제가 아닌 내적인 문제가 보이게 된다. 그 안에 숨겨진 원리를 찾게 된다. 이것이 질문이 주는 유익이다. 어려운 문제가 봉착할 때는 이렇게 생각해 보자. 그 문제를 질문하라는 뜻으로 받아들이면 문제를 회피하지 않고 적극적으로 달려들어 그것을 해결하려고 할 것이다.

유대인은 질문 하나로 교육의 민족이 되었다. 그들의 공부 방법은 간단하다. 질문하고 또 질문하는 것이다. 유대인의 격언 중에 "좋은 질문은 좋은 답보다 낫다"는 말이 있다. 심지어 유대인 학교에서는 질문으로만 공부하는 날도 있다. 우리와는 사뭇 다르다.

우리는 질문보다 답을 찾는데 익숙하다. 유대인이 이렇게 질문의 달인이 된 이유 중에 하나는 그들의 상황이 어렵기 때문에 가능한 일이었다. 유대인은 역사적으로 많은 고난을 당했다. 이해할 수 없는 고난을 수천 년 동안 당했다. 땅 역시 척박했다. 북쪽을 제외하고는 대부분 광야이며 산과 골짜기다. 기후도 좋지 않다. 그런 가운데서 그들은 당연히 문제를 해결하기 위해서 질문이라는 방법을 사용하게 되었다.

이것은 오늘 우리에게도 적용된다. 어려운 문제에 닥칠 때마다 그 문제를 풀기 위해 계속 질문을 던지면서 머리를 사용하라. 하나님이 주신 이성과 그동안의 경험을 가지고 질문하면 문제가 쉽게 해결이 될 수 있다. 방법이 있다고 믿고 끝까지 포기하지 말고 질문하다 보면 어느 순간에 지혜가 주어질 것이다.

크리스천은 하나님을 믿는 사람이다. 우리가 하나님에게 기도하면 하나님은 꼭 응답하신다. 기도를 다른 말로 하면 하나님께 질문하는 것이다. 묻는 기도는 좋은 기도 방법이다. 무조건 구하는 간구만 아닌 때로는 하나님께 묻는 기도를 하면 주님은 대답을 주신다. 인간의 생각으로 아무리 노력해도 지혜가 오지 않으면 기도로 하나님께 물어보라. 그러면 하나님은 응답하실 것이다.

또한 주변의 다른 사람들에게 물어보아라. 전문가에게, 동료에게, 가족에게 겸손한 마음으로 질문하라. 그러면 그 방법을 알려줄 것이다. 하지만 질문하지 않으면 그들도 나를 도와주지 않는다. 주변 사람들은 우리에게 답할 준비가 되어 있다. 좋은 신앙의 친구나 선배나 지도자에게 물어보는 것도 좋을 것이다. 묻는 학생에게 선생님은 가르쳐 준다. 그러나 묻지 않으면 그를 도와줄 방법이 없다.

오늘 일에 최선을 다하라

사람들의 습관 중에는 좋지 못한 것이 하나 있다. 그건 바로 오늘 일을 내일로 미루는 것이다.

왜 사람들은 오늘 일을 내일로 미룰까? 만약 내일이 없다면 오늘 일을 내일로 미룰 수 있을까? 오늘 일을 내일로 미루는 것은 내일이 존재한다는 가정 하에서 일어나는 것이다. 이렇게 봤을 때 오늘 일을 내일로 미루는 것은 인간의 교만함에서 나온 것이다. 있을지도 모르는 내일을 있다고 생각하는 것은 자기가 하나님이 되려는 모습이다.

그날 그날 해야 할 일이 있다. 한번 지나간 시간은 다시 돌이킬 수 없다. 오늘 해야 할일이 무엇인지 그것을 잘 발견하여 그것을 하루 하루 해 나가면 그 안에 행복이 있다. 하나님이 주신 시간은 오늘밖에 없다. 내일은 내 시간이 아니다. 그렇다면 오늘 일에 최선을 다하는 것이 가장 아름다운 삶이다. 오늘 일을 내일로 미루지 말라는 말은 오늘 일에 최선을 다하라는 의미가 들어 있다.

우리는 거의 오늘 할 일을 다하지 못하고 하루를 보낸다. 모든 일을 다할 수 없다. 하고 싶은 일은 많은데 시간이 없다. 하루를 지내보면 하루가 금방 간다는 것을 느낀다. 하루가 24시간이지만 일할 수 있는 시간은 그리 많지 않다. 밥을 먹고 잠을 자고 오가는 교통 시간 등을 빼고 실제 할 수 있는 시간을 따져 보면 그리 많지 않다.

이것을 위해서 우리가 할 일은 오늘 꼭 해야 할 일을 정하는 것이다. 그리고 그것을 우선으로 실천하면서 사는 것이다. 오늘 하지 않으면 안 될 일이 있다면 그 일을 먼저 하면 된다.

일 년 전에 어머님이 세상을 떠나셨다. 어머님이 건강하셔서 적어도 90살은 족히 넘을 것이라고 생각했었는데 건강이 안 좋으면서 갑자기 돌아가셨다. 평균 나이로 보면 살 만큼 사셨지만 그래도 어머니의 기도 덕분에 많은 힘을 얻었는데 그것을 생각하면 마음이 허전하다. 지금도 곁에 어머님이 계시는 것 같은 착각을 가질 때가 있다. 보다 더 효도를 하면서 어머님에게 최선을 다했어야 하는데 아쉬움이 사라지지 않는다. "있을 때 잘해!"라는 말이 있듯이 계실 때 더 잘했어야 하는 생각을 지울 수가 없다. 이런 마음은 나뿐 아니라 모든 사람에게 동일하게 나타나는 현상이다. 최선을 다했지만 그래도 돌아보면 늘 부족하다는 생각을 하는 것이 인간이다.

오늘 일을 내일로 미루는 것은 내일이라는 시간에 내가 속고 있는 것이다. 그것도 습관이다. 계속 미루는 사람은 계속 미룬다. 오늘 하지 않는 사람은 내일도 하지 못한다. 내일 하겠다고 미루는 사람은 내일 가서는 다시 내일을 간절히 찾으며 미룰 것이다. 그렇게 살다 보면 아무것도 한 일이 없다. 늘 내일만 생각하다가 시간만 보내게 된다.

구원 받는 날도 오늘이다. 오늘 구원 받지 못하면 내일은 나에게 없을 수 있다. 오늘 전도할 사람은 오늘 전도해야 한다. 그러나 우리는 이런 소중한 일을 미루다가 낭패를 얼마나 많이 보는가.

오래 전에 어떤 한 사람을 어렵게 권유해서 이번 주에 교회 나온다고 약속을 받았다. 그래서 복음을 전하지 못하고 그 주일을 기다렸다. 그런데 금요일에 교통사고가 났다는 소식을 듣고 병원에 달려갔는데 결국 그는 숨을 거두었다. 지금도 생각하면 가슴이 아프다. 교회에 나온다는 말만 듣고 그에게 복음을 소개했어야 하는데 그렇지 못했다. 며칠 사이에 이런 일이 일어날 줄 누가 알았겠는가? 세상 살아가면서 이런 예는 수없이 많다. 그럼에도 우리는 여전히 내일이라는 환상을 믿고 중요한 일을 미루고 산다. 다음에 보자고 말하면서 시간을 미룬다.

이렇게 생각하면서 하루를 살아가자. "오늘 만나는 사람이 내 인생의 최고의 사람이다. 오늘 하는 일이 가장 좋은 일이다. 오늘 시간이 나에게 인생의 마지막 시간이다." 이런 생각을 가지고 오늘에 최선을 다하면 나는 행복한 사람이 될 것이다.

시간을 소중하게 여겨라

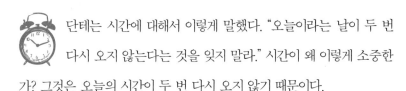단테는 시간에 대해서 이렇게 말했다. "오늘이라는 날이 두 번 다시 오지 않는다는 것을 잊지 말라." 시간이 왜 이렇게 소중한 가? 그것은 오늘의 시간이 두 번 다시 오지 않기 때문이다.

혹자는 시간은 다 같은 시간이라고 말한다. 그렇게 생각하면 오늘 시간이 그리 중요하지 않다. 왜냐하면 오늘 시간이나 내일 시간이나 다를 바가 없기 때문이다. 오늘이나 내일이나 다 같은 시간이기에 오늘 못하면 내일 하면 될 것 아닌가 하는 생각을 가질 수 있다.

매일 어김없이 떠오르는 태양을 보면서 우리는 내일이 존재할 것을 굳건히 믿는다. 그런 사람은 시간이 다 같은 시간으로 아직 남은 시간이 많다고 생각할 수 있다. 특히 젊은이들은 이런 생각을 가지기 쉽다. 주변에 보면 시간을 허비하는 청소년들이 많다. 그들에게 아무리 시간을 허비하지 말라고 소리쳐도 그들은 듣지 않는다. 아직 시간의 소중함을 모르기 때문이다.

시간이라고 다 같은 시간은 아니다. 아이들의 시간과 청년의 시간과 중년의 시간과 노년의 시간은 각각 다르다. 나이든 사람들이 하는 말이 있다. 시간이 날아간다고 말한다. 나이가 들면 시간이 얼마나 빨리 가는지 모른다. 물론 그것은 개인적인 느낌이다. 모두가 같은 절대적인 시간이지만 생각과 마음에 따라 시간은 상대적이다.

"시간은 금이다"라는 속담이 있다. 그만큼 시간이 소중하다는 것이다. 사실 금보다 더한 것이 시간이다. 금값은 늘 같지 않고 시간에 따라서 오르고 내린다. 시간도 이와 같다. 어릴 때 시간은 그렇게 가치 있어 보이지 않는다. 그러나 열심히 일할 나이에 시간은 금보다 더한 가치가 있다. 일을 가진 사람은 시간이 없어서 난리다. 그러나 할 일 없는 사람은 시간이 너무 많아서 문제다.

이렇게 보면 같은 시간이지만 사용하기에 따라 시간이 다르다. 어떤 사람은 한 시간을 열 시간처럼 사용하는가 하면 어떤 사람은 열 시간을 한 시간처럼 소비하고 있다.

인생을 보면 그리 많은 시간이 주어진 것이 아니다. 70-80년의 짧은 시간을 산다. 그 시간 속에서 우리는 하나님 앞에서 사명을 감당하고 살아야 한다. 그런 사람에게는 한 시간 한 시간이 아깝다.

시간을 보내는 것은 습관이다. 시간 관리를 잘하는 것은 성공에서 중요한 위치를 차지한다. 시간을 잘 보내기 위해서 우리는 시간 스케줄을

짠다. 그런 시간 계획을 통해서 내가 시간을 어떻게 보내고 있는지 스스로 점검할 수 있다.

성공한 사람들을 보면 모두 시간 관리를 잘하는 사람들이다. 그들의 시간 관리는 철저하다. 작은 시간도 허비하지 않고 알차게 보낸다. 부지런한 사람은 시간을 모으는 방법을 안다. 제한된 시간이지만 갑절로 활용한다. 그들은 같은 시간을 가지고도 많은 일을 한다. 다른 것은 몰라도 시간에 대해서 욕심을 갖는 것은 미덕이 될 수 있다.

어떻게 하면 주어진 시간을 배가 되는 시간으로 만들어 사용할 수 있을까? 이것을 위해서는 철저한 시간 계획과 실천이 필요하다. 그리고 집중하는 훈련을 통하여 시간 즐기는 법을 배우는 것 또한 유익하다. 낭비하는 시간을 줄이는 것도 한 방법이다.

하루의 시간을 보면 그냥 낭비하는 시간이 많다. 흔히 자투리 시간이라고 말하는데 이 시간을 얼마나 잘 보내느냐가 중요한 시간 관리 비결이다. 밥 먹고, 잠자고, 일하고, 이동하는 시간은 모든 사람이 같다. 그런데 그 사이에 일어나는 시간을 어떻게 보내느냐에 따라 시간의 차이가 생긴다.

예를 들면 누군가를 기다리거나 차를 타고 가거나 할 때에 아무것도 하지 않고 빈둥대는 시간, 또 별로 중요하지도 않은 일에 모여서 쓸데없는 잡담을 하는 시간 등 이런 시간들을 모두 합치면 24시간 중 많은 시간을 효과있게 사용할 수 있다.

나는 지하철을 주로 타고 시내의 일을 볼 때가 많다. 그 이유는 일단 차를 가지고 가면 아무 일도 할 수 없기 때문이다. 자가용을 타고 길에서 낭비하는 시간을 따지면 적어도 하루에 3-4시간 이상이 된다. 그런데 그 시간을 지하철을 타고 간다면 조금 시간이 걸린다 해도 자투리 시간을 쓸 수 있다. 책을 읽는다든지 잠시 잠을 청한다든지 할 수 있다. 하루에 책 한 권은 거뜬히 읽는다.

그래서 나는 집을 나설 때 늘 가방을 가지고 가는데 그 안에는 성경과 읽을 책을 넣고 간다. 물론 메모와 펜도 늘 가지고 다닌다. 이것은 오랫동안 행해 오던 나의 습관이다. 책을 읽든지 안 읽든지 상관없이 늘 책을 가지고 다닌다.

버스나 지하철에서 자리에 앉아 책을 볼 수 없을 때는 서서 주변의 광고나 사람들을 보며 여러 가지 상상을 한다. 때로는 다음 책을 쓸 내용이라든지, 사역에 대한 비전을 그리는 시간으로 삼는다. 그러면서 생각나는 것이 있으면 즉시 메모를 한다. 대부분의 구상은 이런 시간에 이루어진다.

가끔 사람들이 나에게 그렇게 많은 책을 어떻게 쓰는지 이해가 안 된다고 말한다. 그것은 나만의 시간 관리에 있기에 가능하다. 예를들어 사람들을 만날 경우에는 오늘 만나고 내일 또 만나는 것이 아니라 하루 일정을 잡아서 여러 사람을 시간을 두고 만난다. 아니면 사람 만나는 시간과 일 보는 시간을 잘 나누어서 나갈 때 한 번에 여러 가지 일을 처리한다. 이렇게 하면 시간을 많이 절약할 수 있다.

중요한 일을 중심으로 일을 처리하되 잡다한 것은 한 번에 많은 것을 해결하는 방식으로 사용하면 많은 시간을 다시 쓸 수 있다. 오늘 주어진 시간에 감사하면서 시간에 대한 경외감을 가지고 살면 한순간이 소중하고 가치 있는 시간이 될 것이다. 그리고 그 시간을 어떻게 보내야 할지 지혜가 떠오를 것이다.

하나님을 끝까지 신뢰하라

 프랑스의 어느 지하철 입구에서 바이올린을 켜며 구걸을 하던 어린 소년이 각고의 노력 끝에 훌륭한 사업가로 성공을 했다. 그는 초등학교도 제대로 다니지 못했고, 14살 때까지 신발 한 켤레 변변히 신어본 일이 없을 만큼 가난하게 자랐다. 하지만 그런 고난 가운데서도 예수님께 대한 사랑과 믿음만큼은 그 어느 누구보다도 깊었다. 그는 하나님이 자기를 사랑하신다는 것을 끝까지 믿음으로써 하나님에 대한 믿음의 끈을 놓지 않았다.

훗날 어른이 된 그는 하나님을 의뢰하는 가운데 성령님의 인도를 받아 사업을 시작했다. 그는 놀라운 성공을 이루었고, 위대한 실업가로 인정을 받았다. 새로운 사업에 투자를 많이 했지만 한 번도 실패한 적이 없었으며, 그 어떠한 일을 계획하더라도 이루어지지 않은 적이 없었다. 그래서 어떤 사람이 그에게 사업이 날로 번창하는 비결을 묻자, 그는 이렇게 대답했다.

"우리 집에는 기도실이 따로 마련되어 있습니다. 그래서 나는 중대한 투자를 할 때마다 기도실에 들어가 금식기도를 하고 말씀을 보며, 하나님께서 들려주시는 음성에 귀를 기울였습니다.

사람들이 내게 새로운 투자를 제안해 올 때마다 나는 곧장 투자 제안건을 가지고 기도실로 들어갑니다. 나는 그곳에서 나의 모든 경험이나 이성은 무시하고 오직 하나님께서 인도해 주실 것만을 간절히 기도합니다. 만약 직감이 좋지 않거나, 마음이 평안함이 없고 확신이 생기지 않으면 투자를 하지 않습니다. 인간적인 생각과 판단으로는 아무리 조건이 좋아도 투자를 하지 않는다는 것이지요. 이런 나를 보고 바보라고 하는 이들도 있습니다. 그러나 시간이 얼마쯤 지난 후에는 내가 투자하지 않은 것이 현명했다는 것을 그들은 알게 됩니다.

나는 기도하면서 성령님의 음성을 들었습니다. 그리고 성령님의 인도하심을 받았습니다. 그렇기 때문에 나는 하는 일마다 실패하지 않고 성공을 할 수 있었던 것입니다."

우리가 믿는 하나님은 신실하신 분이시다. 사람은 우리를 배반하고 어려움이 닥치면 우리를 떠난다. 그러나 하나님은 우리를 끝까지 버리지 않으신다. 이런 하나님을 우리가 믿을 수 있다면 그것 하나만으로도 그는 성공한 사람이다.

240

"볼지어다 내가 세상 끝날까지 너희와 항상 함께 있으리라"(마 28:20)

오늘도 이 말씀을 붙잡고 하나님을 끝까지 신뢰한다면 우리는 무엇이든지 다시 시작할 수 있다. 포기하지 않고 다시 일어서는 것도 습관이다. 하나님을 끝까지 믿고 나가면 성령님이 나를 인도하실 것이다. 언젠가는 나에게도 하나님의 응답이 주어질 것이다.

사람이 자꾸 배반당하면 나중에는 사람을 믿지 못하게 된다. 그런 사람은 불행하다. 결국 모든 사람을 불신하게 되고 이렇게 되면 아무 일도 하지 못한다. 그럴수록 사람을 신뢰하고 믿는 법을 배우는 것이 유익하다. 믿을 수 없는 상황에서 믿음을 가지는 것이 진정한 믿음이다. 이렇게 보면 믿는 것도 하나의 습관이다.

설사 사람들이 나를 배신하고 그들에게 속임을 당한다 할지라도 하나님을 신뢰하는 법을 배우면 우리는 모든 것을 믿을 수 있다. 하나님을 믿으면 잠잠히 참아 기다릴 수 있다. 믿는 만큼 기다린다. 하나님이 당장 나타나서 나에게 응답을 주지 않는 이유는 하나님을 믿게 하기 위함이다.

응답보다 중요한 것은 믿음이다. 그런데도 우리는 무엇을 얻는데 관심이 더 많다. 하지만 하나님은 하나님 당신을 얼마나 신뢰하고 사랑하느냐에 더 관심이 있으시다. 이것을 안다면 우리는 하나님을 신뢰하는 법부터 배워야 한다. 행복은 믿는 만큼 다가온다. 하나님을 신뢰하면 그에게 행복이 선물로 주어진다. 당장 나에게 문제가 해결이 안 되었다 할지라도 말이다.

　믿음의 조상인 아브라함은 하나님이 자신에게 아들을 주신다고 말씀하신 것을 25년 믿었다. 그리하여 100세 된 나이에 아들을 받았다. 하나님은 아브라함에게 신뢰하는 법을 25년 동안 훈련시킨 것이다. 오늘도 하나님이 나를 믿음의 훈련을 시키는지 누가 알겠는가? 좋은 습관이라 생각하고 끝까지 하나님을 신뢰하는 믿음을 가지자.

물질과 시간의 십일조를 드려라

록펠러의 십일조에 관한 일화가 있다. 어느 사람이 언젠가 록
펠러에게 십일조를 하고 있는지 물었다. 그는 이렇게 대답했다.

"물론입니다. 십일조를 하다마다요. 제가 어떻게 해서 십일조를 드리
게 됐는지 소개하고 싶군요."

그는 계속해서 말을 이어나갔다.

"제가 어렸을 적에, 어머니를 돕기 위해서 일을 하지 않을 수 없었습니
다. 처음으로 일을 해서 번 돈이 1달러 50센트였습니다. 저는 일주일 동
안 일하고 받은 돈을 집으로 가져가서 어머니에게 드렸습니다. 제 기억
으로는 어머니에게 돈을 드리면서 자랑스러워했습니다. 어머니는 그 돈
을 앞치마로 감싸면서 제 눈을 바라보셨지요. 그러면서 '얘야, 네가 주
님에게 십일조, 그러니까 15센트를 드린다면 그분은 너를 아주 자랑스

럽게 생각하실 게다'라고 말씀하셨지요."

록펠러는 말했다.

"그때 저는 난생 처음으로 번 돈의 십일조를 하나님께 드렸고, 지금까지 빠짐없이 십일조를 드리고 있습니다."

그러고 나서 이런 말을 했다.

"만약 그 1달러 50센트의 십분의 일을 하나님께 드리지 않았더라면 제가 처음으로 백만 달러를 벌었을 때 과연 십일조를 드릴 수 있었을까? 저는 드릴 수 있었다고는 생각하지 않습니다."

모든 행동은 습관에서 나온 것이다. 나에게 습관으로 자리 잡은 것만 행동으로 나타나게 된다. 이런 면에서 습관으로 훈련하는 것은 중요하다. 그것이 평생을 좌우하게 된다. 물질과 시간을 하나님에게 드리는 것도 습관이다. 그것은 십일조와 주일 성수로 나타난다.

시간과 물질에 대한 십일조를 드리는 습관은 하나님이 기뻐하시는 것이다. 십일조를 하나님께 드리는 것은 물질의 주인이 하나님이라는 고백으로 드리는 헌신의 표시이다. 종종 십일조를 드리는 것이 초대 교회에 언급이 없다는 이유로 십일조 무용론을 주장하는 사람들도 있지만, 필자는 그렇게 생각하지 않는다. 설사 십일조가 신약성경에 구체적으로 나와 있지 않다 해도 헌금 정신은 성경 속에 이미 들어 있기 때문에 십일조를 드리는 것은 안 하는 것보다 훨씬 유익하다고 생각한다.

이것은 물질의 종이 되지 않게 하는 좋은 실천 방법이 된다. 물론 그

244

이상을 드려도 좋을 것이다. 물질의 주인이 하나님이심을 인정하는 마음으로 어릴 때부터 물질의 청지기의 책임감과 아울러 하나님을 주인으로 섬긴다는 의미에서 이것은 오히려 적극 권장할 만한 일이다.

십일조를 드리면서 우리는 매달 물질과 하나님과의 관계를 정립하는 좋은 훈련의 시간을 갖게 된다. 신앙생활이 타락하게 되는 가장 큰 이유는 하나님과 물질을 겸하여 섬길 때 생겨난다. 적은 수입이 있을 때 하지 못하면 많은 수입이 생기면 더욱 하기가 힘들다. 작은 것부터 훈련할 때 큰 것도 가능하다. 수천 만 원의 수입이 있을 때 수백 만 원을 십일조 한다는 것은 습관이 안 되면 거의 힘들다.

이것은 주일 성수도 같은 의미다. 시간을 하나님에게 드리는 것은 인생 성공에서 중요한 위치를 차지한다. 유대인들이 어려운 속에서도 지금까지 살아남은 요인 중에 하나는 안식일을 잘 지킨 데 있다. 유대인은 안식일을 철저히 지킨다. 시간을 하나님께 드리면서 그들은 시간의 십일조를 수천 년 동안 드려왔다. 세상과 구별된 삶을 살게 되었고 그 시간을 통하여 그들의 탁월한 능력을 얻을 수 있었다. 또 가정과 신앙을 안식일을 통해서 지킬 수 있었다. 주일 성수가 약해지면 신앙은 급속도로 무너지게 된다. 시간을 하나님으로 정복하지 못하면 다른 것은 힘없이 사라진다.

십일조나 주일 성수를 갑자기 하려면 어렵다. 하지만 오랜 습관이 되면 그것이 삶이 되면서 편안하다. 어쩌다 십일조를 드리지 않거나 주일 성수를 하지 않으면 그것이 우리를 더 불편하게 만든다. 그것이 어릴 때부터 나의 습관으로 자리 잡지 않으면 고역이 되고 그것을 지킬 때마다 갈등이 생긴다.

물론 십일조와 주일성수에 너무 매여 그것이 율법이 되면 안 된다. 하지만 그것이 거룩한 생활 습관으로 자리 잡혀 더욱 더 주님을 주인으로 섬기는 일로 적용한다면 우리 신앙에 좋은 건덕으로 자리 잡을 수 있을 것이다.

자신만의 가치를 쌓으라

 99%를 기부하며 청빈한 거부로 유명한 세계적인 투자자 워런 버핏은 세계에서 가장 성공적인 투자가라는 명예를 가졌다. 지금도 활발하게 활동하고 있다. 그가 등장하기 전까지 성공적인 투자가의 중요한 요건을 보면 변화에 빠르고 신속하게 대처하는 능력과 수학·분석·논리적인 생각과 개념적인 사고 능력, 경영자를 평가하고 사람을 꿰뚫어 보는 능력 등을 가지고 있어야 했다.

그런데 버핏은 그것과 정반대로 계산 능력도 부족하고 변화에도 빠르게 대처하지 못하며 느긋하고 여유있는 성격이었다. 사람을 한 번 보면 쉽게 믿는 편이었다. 투자가로서는 자격 부족이다.

워런 버핏은 자기의 약점을 보완하여 강점을 찾아간 것이 아니라 오히려 그 반대였다. 인내심을 가지고 보통 5년에서 10년, 길게는 20년을 보고 투자를 했다. 이론이나 분석적인 기법을 의존하기보다는 실제적인 사고를 활용해서 신뢰할 수 있는 회사에만 투자를 했다. 그리고 한 번 신뢰하면 끝까지 투자한 회사를 믿었다. 주위 사람들이 그런 방법은 위험하다고 했지만 그는 자기 방식을 고집했다. 그것이 세계 최고의 투자가가 된 비결이다.

사람마다 하나님이 주신 자기의 고유한 성격이 있다. 그것을 잘 살리면 모두가 성공할 수 있다. 하나님은 공평하신 분이시다. 누구에게만 특별히 강점을 주지 않으셨다. 이것을 믿고 누구에게나 있는 강점을 살리면 모두가 자기 영역에서 최고가 될 수 있다. 가능한 빨리 자기의 가치를 찾아서 그것을 계속 개발하는 것이 현명한 방법이다. 물론 자기의 강점을 개발하는 것은 하루아침에 되지 않는다. 오랫동안 쉬지 않고 가치를 쌓아갈 때만이 가능하며 그 분야에서 최고가 된다.

자기 것을 찾지 못하면 다른 사람과 비교를 하게 된다. 시기와 질투가 생기는 것도 자기 것을 찾지 못했기 때문에 나타난 현상이다. 하나님은 자기의 영역을 찾아서 그것으로 하나님과 이웃을 봉사하기를 원하신다.

예수님이 부활하신 후에 갈릴리에서 베드로에게 나타나신 적이 있었다. 이때 베드로에게 예수님은 네 사명은 어린양을 먹이고 치는 것이라고 말씀하셨다. 그리고 그것을 위해 자신의 목숨을 걸어야 함을 예언하셨다. 십자가에 죽은 것과 같은 순교가 그의 앞을 기다리고 있음을 말

248

씀하셨다.

"내가 진실로 진실로 네게 이르노니 네가 젊어서는 스스로 띠 띠고 원하는 곳으로 다녔거니와 늙어서는 네 팔을 벌리리니 남이 네게 띠 띠우고 원하지 아니하는 곳으로 데려 가리라"(요 21:18)

그러자 베드로는 자기와 늘 라이벌 이었던 요한을 보고 "이 사람은 어떻게 되느냐"고 물었다. 그러자 예수님은 "내가 올 때까지 그를 머물게 하고자 할지라도 네게 무슨 상관이냐 너는 나를 따르라"고 말씀하셨다.

우리는 각자 일이 있다. 그 사명을 감당하면 된다. 다른 사람이 어떻게 되느냐는 그리 중요하지 않다. 우리와 상관없는 일이다. 나는 나의 일에 충실하면 된다. 그러나 사람들은 그렇게 하지 못한다. 다른 사람의 삶의 방식을 따라간다. 그것은 겉보기에 좋게 보여도 나중에는 무너지게 된다. 빨리 자기 길을 찾고 자기만의 은사와 사명을 찾는 것이 중요하다.

오늘도 나의 일을 찾아서 묵묵히 그 일을 키워 나의 강점을 만들어 가는 것이 필요하다. 자신의 가치를 높이는 일을 습관화하자. 자기 일을 찾으면 그 순간부터 우리는 할 일이 많다. 강점을 개발하기 위해 많은 공부와 훈련과 노력이 있어야 한다.

학교를 졸업했다고 해서 공부가 끝난 것은 아니다. 그때부터 공부가 시작되는 것이다. 학교에서는 공부하는 방법을 배운 것이다. 학교를 졸업하면 그 방법으로 자기만의 영역을 키워나가야 한다.

평생 동안 열심히 하다 보면 어느 날 나에게도 꽃이 피는 날이 있다. 이렇게 되기 위해서는 자기만의 가치를 발전시키는 삶을 살아야 하는데 그것이 곧 습관이다. 습관으로 정착이 안 되면 힘들다. 반복적인 과정을 거쳐서 결국은 나의 것이 된다.

언제 행복을 느끼는가? 자기 일을 찾아서 그 일에 몰두할 때다. 그 일이 자기를 넘어 이웃과 하나님을 섬기는 일이면 행복은 갑절이 된다. 지금이라도 나의 것을 발견하지 못했다면 기도하면서 찾아보자. 하나님이 주신 한번 뿐인 인생을 나만의 가치를 찾아가 보자.

작은 일에 충성하라

"큰 일은 어떻게 이루어지는가?" 그에 대한 답은 이렇다. "큰 일은 반드시 작은 일을 통해서 이루어진다"는 것이다. 간단한 진리이지만 이것을 실천하는 사람들은 그리 많지 않다. 그러나 위인들은 모두 이 원칙을 지켰다. 나타난 결과로 보면 금방 이루어진 것 같지만 그것을 이루기까지 수많은 고통과 수고가 있었다.

하나님의 인물도 거저 만들어지지 않았다. 수많은 시간을 통한 연단과 인내를 거쳐서 하나님의 사람으로 만들어졌다. 성경을 읽어 보면 어디서나 공통적으로 발견되는 진리다.

모세는 80년을 훈련했다. 아브라함은 25년을, 야곱은 거의 평생 동안 훈련했다. 요셉도 30년의 오랜 훈련 기간을 거쳐 애굽의 총리가 되었고, 왕이 된 후에도 훈련한 다윗은 평생 동안을 훈련했다. 어떤 훈련일까? 그것은 작은 일에 충성하는 훈련이다. 작은 일에 충성하지 못하면 큰 일을 할 수 없다. 지금 작은 일을 소중하게 여기고 그 작은 일을 계속 쌓아가다 보면 나중에는 큰 산을 이룬다.

한꺼번에 대박을 꿈꾸는 것은 신앙이 아니다. 우리는 한 번에 모든 것을 이루는 것을 좋은 믿음으로 착각하는 경향이 있다. 그것을 능력으로 오해를 한다. 그렇지 않다. 믿음은 작은 것에서 출발한다. 나타나는 것은 한 번에 일어나는 것이지만 그것을 이루기까지는 오랜 시간의 연단과 준비가 있었음을 기억해야 한다.

마태복음 25장에 보면 우리가 잘 아는 달란트 비유가 나온다. 주인은 종에게 한 달란트, 두 달란트, 다섯 달란트를 주고 타국으로 떠났다. 나중에 주인이 돌아와서 종들을 칭찬하는 모습이 나온다. 주인은 다섯 달란트와 두 달란트를 준 종에게 동일하게 말한다. "잘하였도다. 착하고 충성된 종아 네가 적은 일에 충성하였으매 내가 많은 것을 네게 맡기리니." 이렇게 신앙의 위대함은 언제나 작은 일에서 출발한다.

교만한 사람들을 보면 한 가지 공통적인 특징이 있다. 그것은 내가 교만한 지를 알아보는 자기진단법이기도 하다. 그것은 힘 없고 작은 것을 무시하는 행위다. 보잘 것 없고 하찮은 것을 무시하는 모습이 많아지면 그 사람은 교만함이 가득하다고 보면 틀림없다.

작은 사람보다 큰 사람들과 어울려 다니고 그런 사람을 자랑하는 순간 그는 위험하다. 그런 사람은 결국 무너진다. 큰 사람은 큰 것에서 무너지지 않는다. 언제나 작은 것을 소홀히 하면서 패망한다. 큰 집이 무너지는 것, 큰 다리가 무너지는 것을 보면 시작점은 언제나 작은 곳이다. 그것을 무시하면 나중에는 회복하기 어려운 상황이 된다.

큰 것만 바라보기보다는 늘 작은 것을 놓치지 않는 훈련을 해야 한다. 작은 것에 충성하고 그것에 성실한 모습을 나의 평소 습관으로 자리 잡도록 하자.

스톡홀름대학교의 앤더슨 박사는 직업인으로서 성공하기 위해서는 반드시 거쳐야 할 과정이나 경험을 '1만 시간 법칙'이라고 명명했다. 이 법칙은 한 사람이 어떤 분야에서 탁월한 성과를 이루기 위해서는 적어도 1만 시간의 연습이 필요하다는 것이다.

그는 오랜 관찰과 사례를 통하여 이론적으로 법칙을 만들었다. 1만 시간을 채우려면 대략 하루 3시간, 일주일에 20시간씩, 10년을 해야 한다. 그 분야에서 프로의 말을 들으려면 적어도 10년은 해야 한다는 이야기는 이것을 두고 한 말이다.

모차르트 협주곡은 스물한 살 때 작곡한 것이다. 그러나 그것을 이루기까지는 음악가인 아버지의 훈련을 받은 지 10년이 지나서였다. 천재인 아인슈타인이 특수 상대성 이론을 만들기까지는 10년의 수련기가 있었다. 아무리 천재라 할지라도 수많은 작은 노력들이 10년 정도 쌓아야 위대한 것을 이룰 수 있다.

여기에는 큰 일만 아닌 작은 일도 포함한다. 오히려 성과 없는 작은 일이 더 많을 것이다. 1만 시간의 목표를 정하고 오늘도 매일 작은 일에 충성을 다한다면 나도 그 시간이 도달할 때쯤이면 나의 분야에서 탁월한 사람이 될 것이다.

이것은 누구나 가능한 일이다. 지금부터라도 실천해 보자. 작은 일부터 하나씩 성실하게 최선을 다하여 해보자. 이것을 나의 '10년의 습관'으로 만들어 보면 어떨까?

초기의 약점을
최후의 장점으로 만들어라

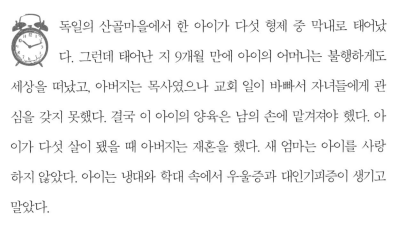 독일의 산골마을에서 한 아이가 다섯 형제 중 막내로 태어났다. 그런데 태어난 지 9개월 만에 아이의 어머니는 불행하게도 세상을 떠났고, 아버지는 목사였으나 교회 일이 바빠서 자녀들에게 관심을 갖지 못했다. 결국 이 아이의 양육은 남의 손에 맡겨져야 했다. 아이가 다섯 살이 됐을 때 아버지는 재혼을 했다. 새 엄마는 아이를 사랑하지 않았다. 아이는 냉대와 학대 속에서 우울증과 대인기피증이 생기고 말았다.

그러나 소년은 어머니가 주신 성경책을 늘 가까이 했다. 소년은 불우한 가정환경과 성격장애를 앓고 있으면서도 성경을 통해서 어머니의 사랑과 자신이 살아가야할 이유를 발견하였다. 그는 "어린 시절을 나처럼 불우하게 보내는 어린이들을 위하는 일이 무엇일까?"를 고민했다. 장성

한 그는 어린이를 사랑과 정성으로 가르치는 교육기관을 만들기로 했다. 노력 끝에 유아들에게 삶의 터전 같은 친근한 유치원을 만들었다. 세계 최초의 유치원 설립자 '프리드리히 프뢰벨'의 이야기이다.

불우한 환경에서 태어나 교육 한 번 제대로 받아보지 못한 프뢰벨이었지만 그는 초기의 약점을 오히려 강점으로 만들어 유아교육의 아버지가 되었다. 사람마다 자기의 약점이 있다. 아마 강점보다는 약점이 더 많이 생각날 것이다. 어떤 사람은 아무리 찾아도 강점을 발견하지 못해서 좌절하는 경우도 있다. 강점이 생각나지 않거든 나의 약점을 강점으로 만들어 보면 어떨까?

강점과 약점은 동전의 양면과 같다. 우리는 강점만 바라보면서 약점을 감추려고 한다. 그러나 약점이 있기에 나중에 그것이 강점이 될 수 있다. 불우했기에, 병이 들었기에, 더욱 열심히 해서 성공을 이루었다면 불우하고 약한 것이 꼭 약점이라고 볼 수는 없다. 강점은 아닐지 몰라도 강점을 만든 기초와 동기가 된 것은 분명하다.

인생 초기에 약점을 가지고 태어난 사람들이 있다. 그것을 생각하면 좌절하기 쉽다. 처음부터 공평하지 못한 인생 경주에서 이길 수 없다고 쉽게 포기할 수 있다. 하지만 그렇지 않다. 단거리로 보면 그럴 가능성이 있지만 인생 전체의 장거리로 보면 오히려 승산이 있다. 절대로 포기만 하지 않으면 그것은 가능하다.

위인들을 연구해 보면 모두가 약점을 가진 사람들이었다. 그들과 우리와 다른 점은 그것을 강점으로 만든 힘이 그들 속에 있었다. 우리는 그 힘을 배워야 한다. 그럴 때 우리는 행복할 수 있다.

인생은 마지막까지 가봐야 안다. 누가 승리자인지 지금은 아무도 모른다. 생각해 보라. 마라톤 경기를 하는 선수가 초반전에 앞선다고 해서 그가 일등한다는 보장이 없다. 전혀 엉뚱한 사람이 마지막에 스피드를 내면서 우승을 할 수 있다. 아무리 처음에 승리를 해도 나중에 무너지면 그것은 완전히 실패한 것이다. 인생은 끝까지 경주를 해야 결과를 알 수 있다.

그런데 끝 지점은 세상이 아닌 하나님의 나라다. 우리는 거기까지 완주해야 한다. 세상은 마지막 지점이 아니다. 모든 것은 주님이 오실 때 판가름 난다. 이 세상에서는 진정한 승부를 알 수 없다. 주님 앞에 설 때까지는 아무도 성공을 장담할 수 없다. 우리는 주님 앞에 설 때 칭찬받는 사람이 되어야 한다. 우리의 목표는 하나님 앞에 서는 그날이다.

이렇게 보면 이 세상에서 평가는 아무나 할 수 없다. 세상에서 성공한 사람이라도 하나님의 나라에서는 가장 불행한 사람이 될 수도 있다. 하지만 비록 세상에서 성공적인 삶을 살지 못했다 해도 하나님 앞에서 칭찬을 받으면 그것은 잘 산 것이다. 크리스천은 이미 승리가 보장된 사람이다. 예수를 믿으면 오늘 죽어도 복이 있다. 그런데 문제는 그 믿음이 어느 정도인지 아무도 알 수 없다는 데 있다.

그렇다면 누가 예수를 잘 믿는 사람이 될 수 있는가? 세상에서 가진 것이 없고, 약점 투성인 사람이, 가장 절망적인 삶을 사는 사람이 예수님을 가장 신실하게 믿는 강점이 될 수 있다. 그러나 세상에서 강점을 많이 가진 사람은 예수님을 전적으로 신뢰하기 힘들다. 성경은 부자가 천국에 들어가는 것은 낙타가 바늘귀에 들어가는 것처럼 어렵다고 했다. 그런 점에서 보면 세상적인 약점이 오히려 예수님을 믿기 좋은 강점이 될 수 있다.

이 세상의 삶은 천국 때문에 존재한다. 늘 천국을 보면서 살면 잘 사는 것이다. 하나님 앞에서 마지막 우리의 모습이 중요하다. 그때 하나님께 칭찬받은 사람이 되는 것이 성공한 인생이다. 아무리 힘들어도, 세상이 너무 불공평해도, 세상에서 아무것도 할 수 없다고 자포자기가 되어도, 한 가지 기억해야 할 사실이 있다. 그것은 그런 세상의 약점이 하나님의 나라에서는 강점이 될 수 있음을……. 그 약점으로 인하여 하나님을 더 의지한다면 당신은 지금 놀라운 강점을 가지고 있는 셈이다.

결과는 하나님에게 맡기고
과정을 즐겨라

 인간에게는 할 수 있는 일과 할 수 없는 일이 있다. 이것을 잘
구분해야 한다. 이 일을 구분하지 못하기 때문에 어려운 결과
를 초래한다. 인간이 할 수 없는 일에 도전하는 것은 무모한 일이다.

세상의 자기계발 책을 읽어 보면 황당한 이야기가 종종 신념으로 설
파되는 경우가 있다. 그것은 인간을 신처럼 생각하면서 무한한 가능성
을 말하는 것이다. 무엇이든지 할 수 있다고 인간의 가능성을 부추긴
다. 마음만 먹으면 못할 일이 없는 것처럼 위대한 인간이라고 칭송한다.
하지만 그것은 위험하다. 그 논리에 빠지면 모두 속는 것이다.

인간은 본래 악한 존재다. 그것을 알고 시작하지 않으면 나중에 교
만해질 수 있다. 인간은 아무리 노력해도 안 되는 일이 본래 존재한다.
그 사실을 인정하고 그 가능성을 말하지 않으면 잘못된 가설에 빠질

수 있다.

지금 사라졌지만 한때 대단한 권력과 힘을 누렸던 고대국가들이 있었다. 그리고 그 나라를 지배한 왕들이 있었다. 예를 들면 애굽의 파라오, 바벨론의 느브갓네살, 바사의 아하수에로, 헬라의 알렉산더, 로마의 가이사 등이다.

이들의 공통점이 무엇인지 아는가? 한결같이 그들은 자신의 힘이 커지면서 스스로 신이라 칭하다가 결국은 파멸에 이르게 된 것이다. 이것이 인간이다. 인간은 누구나 그렇게 될 소지가 있다.

무슨 일을 하든지 인간에게 처음부터 안 되는 일이 있다. 그것은 결과에 대한 것이다. 결과는 인간이 할 수 있는 일이 아니다. 하나님은 모든 권한을 인간에게 맡기신 적이 없다. 아담과 하와에게 에덴동산의 모든 것을 먹을 수 있으나 동산 중앙에 있는 선악을 알게 하는 나무는 먹지 말라고 했다. 그런데 인간은 이것을 먹었다. 인간이 해서는 안 되는 일을 했다. 그것을 성경은 죄라고 말한다.

죄인된 인간은 이런 아담과 하와가 범했던 죄악의 속성을 지니고 있다. 지금도 아담의 후예인 인간들은 아담이 범했던 같은 죄를 범하고 있다. 그리고 그 무서운 결과를 그대로 맞이하고 있다. 지금도 인간들은 성경의 반복된 경고를 무시한다.

하나님과 인간은 동역자 관계다. 그것은 하나님이 할 일과 인간이 할 일이 있다는 것을 의미한다. 모든 것을 하나님이 다 하시지 않는다. 그

260

렇다고 인간이 모든 것을 다하도록 내버려 두시지도 않는다. 인간이 행복하려면 할 수 있는 일과 할 수 없는 일을 잘 분별해야 한다. 그리고 할 수 있는 일은 최선을 다해서 감당하고, 할 수 없는 일은 그대로 포기하기보다는 하나님을 의지하고 맡겨야 한다.

인간이 할 수 있는 일은 무엇일까? 그것은 과정에 대한 일이다. 씨를 뿌리고 물을 주고 거름을 주는 일은 인간이 해야 할 일이다. 그러나 해를 비추고 비를 내리고 바람을 불게 하는 일은 하나님이 하시는 일이다. 이것은 결과에 해당된다. 과정은 인간이 할 일이다. 그러나 결과는 하나님의 소관이다. 인간은 과정에 최선을 다하면 된다. 그리고 결과를 기다리면 된다. 인생의 행복은 과정을 즐기는데 있다.

"사람이 마음으로 자기의 길을 계획할지라도 그의 걸음을 인도하는 이는 여호와시니라" (잠 16:9)

"그런즉 심는 이나 물 주는 이는 아무 것도 아니로되 오직 자라게 하시는 이는 하나님뿐이니라" (고전 3:7)

"우리는 하나님의 동역자들이요 너희는 하나님의 밭이요 하나님의 집이니라" (고전 3:9)

인간의 불행은 늘 결과에 치중할 때 생긴다. 인간이 할 수 없는 영역인 결과를 인간이 이루려고 하면 거기서 문제가 발생한다. 과정보다는 결과에 집착하면 행복은 점차 멀어진다. 결과 중심으로 살면 피곤하고 삶이 힘들다. 또 결과를 이루어도 만족이 없다.

사람들이 사는 모습을 보면 과정보다 결과에 치중하는 경향이 많다. 그것은 사회의 현상도 한몫한다. 모든 것을 나타난 결과로만 판단하는 흐름이 사람들을 그렇게 만들고 있다. 여기에 편들면 안 된다.

결코 쉽지 않는 일이지만 주어진 과정에 최선을 다하고 그것을 하나님께 맡기고 기다리는 법을 배우자. 이런 습관이 삶에 배도록 해야 할 것이다. 설사 결과가 좋지 않더라도 과정에서 최선을 다했으면 그것을 칭찬하고 격려하며 믿음으로 기다리는 삶을 살자. 그런 사람에게 하나님의 복이 임한다. 홀연히 성령 강림이 각 사람에게 임한 것처럼 뜻하지 않는 하나님의 놀라운 은혜가 임하게 될 것이다.

크리스천이여
습관부터 바꿔라

1판 1쇄 발행 2012년 1월 10일
1판 2쇄 발행 2012년 3월 10일

지은이 이대희
펴낸이 인창수
펴낸곳 태인문화사
인쇄 민언인쇄
신고번호 제10-962호(1994년 4월 12일)
주소 서울시 마포구 신수동 219
전화 02-704-5736
팩스 02-324-5736
이메일 conadian2003@hanmail.net